KB075762

철학, 역사를 만나다

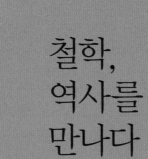

철학,
역사를
만나다

개정증보판

세계사에서 포착한 철학의 명장면

안광복 지음

어크로스

"나는 철학을 학문으로 배웠다.
그러나 철학은 삶의 방법(Way of Life)이었다."

2005년에 펴낸 《철학, 역사를 만나다》는 지금까지 47쇄를 찍었다. 아마도 대한민국에서 가장 오래, 널리 읽힌 철학 교양서 중 하나일 듯싶다. 이 책에 담긴 문제의식을 나는 위의 두 문장으로 갈무리한다.

학문으로 철학을 공부한 사람은 끊임없이 "어떻게 하면 철학을 쉽게 이해시킬 수 있을까?"를 고민한다. 그러나 정작 중요한 물음은 "왜 철학을 해야 하는가?"이다. 세상에 이유 없이 오래가는 것은 없다. 철학처럼 쓸데없이 복잡함에도 많은 이들을 고민하게 만드는 문제도 없다. 철학은 공허하고도 어려운 논의들로 가득하다. 그럼에도 수천 년 동안 사람들이 철학에 매료되었던 이유는 무엇일까?

루소의 사상이 없었다면 프랑스 혁명은 한낱 폭동으로 끝났을 것이다. 실존주의가 없었다면 68운동도 그저 히피들이 벌인 해프닝 정도로 그쳤으리라. 큰 철학자들은 자신의 시대의 핵심 문제를 고민한다. 그리고 나아갈 방향을 일러준다. 이 책을 읽으면 각각의 사조(思潮)들이 어떤 배경에서 태어났으며, 어떻게 인류의 문명이 성숙하는 데 기여했는지를 알 수 있을 것이다.

《철학, 역사를 만나다》는 지금 봐도 잘 쓴 책이다. 백면서생이었던 나는 이 책을 쓰면서 비로소 철학이 세상을 바꾸는 기술임을 알게 되었다. 자료를 읽고 원고를 쓰는 내내 찌릿한 전율이 일었던 기억이 난다. 독자들 또한 사상이 주는 촌철살인(寸鐵殺人)의 즐거움을 느낄 수 있었으면 좋겠다.

"읽기 쉬운 글은 고된 글쓰기를 통해 완성된다." 사회 사상가 헨리 조지(Henry George)의 명언이다. 이 책이 오랫동안 사랑받았던 이유는 무척 쉬운 '철학 입문서'라는 점에도 있다. 책장을 넘길 때마다, 두뇌가 받아들이기 쉽게 문장 하나하나를 깎고 다듬으며 보낸 긴 세월들이 떠오르곤 한다. 언어는 세월의 흐름에 따라 변한다. 개정판에서는 더 이상 자주 쓰이지 않는 표현들과 뉘앙스가 달라진 몇몇 부분들을 손보았다. 또한 출간 일정에 쫓겨 초판에 담지 못했던 '실학', '실존주의', '6 · 25 전쟁'의 내용을 추가했다.

개정판을 내며 욕심이 생겼다. 이 책의 30주년 개정판에는 지금의 금융위기와 '월스트리트를 점령하라(Occupy Wall street)' 운동, 이를 해결한 사상에 대한 이야기를 담았으면 좋겠다. 나아가, 전체주의로 치닫는 21세기 초반의 분위기와 이를 넘어서려는 철학자들의 노력을 풀어낼 수 있었으면 좋겠다. 우리 시대에는 경제적 번영과 물질적 풍요가 모든 문제를 잠재우리라는 환상이 널리 퍼져 있다. 하지만 문제의 해법과 위기의 돌파구는 항상 철학에서 나왔다. 철학자들의 분발이 필요할 때다.

나는 이 책을 내며 김형보 대표와 처음 인연을 맺었다. 10여 년의 세월을 넘어, 나는 한층 성숙한 출판인이 된 그와 다시 개정판 작업을 했다. 원고의 가치를 알아준 그에게 감사를 보낸다. 원래 원고를 손보아 준 윤소현 독서평설 편집장, 지금은 프리랜서로 활동하는 최윤경 편집자, 개정판 원고를 치밀하게 검증하며 다듬어 준 어크로스 김수경 편집자의 노고에도 깊이 감사한다. 아무쪼록 새롭게 거듭난 《철학, 역사를 만나다》가 앞으로도 우리 시대에 울림을 주는 철학교양서로 자리 잡았으면 좋겠다.

2017년 2월
안광복

철학과 역사, 시대를 엮는 씨실과 날실

"아니, 이렇게 어려운 책을 보세요?"

대학 3학년 때였던가, 미팅에서 만난 파트너는 대뜸 내가 들고 있던 〈철학과 현실〉이라는 잡지를 가리키며 이렇게 물었다. 나는 순간 아연했다. 〈철학과 현실〉은 내가 지하철 안에서 심심풀이로 읽던, 말 그대로 '잡지'였기 때문이다.

사실 철학을 공부하다 보면 어지간히 묵직한 내용도 쉽게 느껴지게 마련이다. 암호 같은 철학 내용들, 예컨대 "세계 내의 개별적 사물들과 이상 언어의 고유 명사들은 상호 간에 일의적으로 대응한다." 등등의 문장들과 하루 종일 씨름하다 보면, 일상의 글들은—심지어 학술서조차도—너무도 쉽고 명료하게 다가오곤 한다.

그래서인지 철학 공부는 하면 할수록 잡다한 책들 또한 더 많이 읽게 만드는 속성이 있다. 마치 짠 음식을 먹으면 벌컥벌컥 물을 들이켜게 되듯, 난해한 철학책들을 읽을 때의 답답함은 '이해 가능한' 문학, 역사, 사회학, 자연 과학 등의 책들을 한정 없이 보게 만든다. 지적 무능함을 엉뚱한(?) 분야의 책들로 한풀이하는 셈이다. 그 결과 2000권 남짓한 내 서재에는 철학책보다 다른 분야 책들이 훨씬 많다.

철학은 배우기도 쉽지 않지만 가르치기는 더 어렵다. 초임 교사 시절, 내가 학생들에게 준 철학은 '지혜를 가장한 수면제'에 지나지 않았음을 고백하지 않을 수 없다. 강단에서 익힌 나의 추상적인 철학 용어들은 학생들의 이해도 감성도 건드리지 못했다.

자괴감이 극에 달할 무렵, 나의 한풀이 독서는 뜻밖의 구원군으로 다가왔다. 수업 못하는 교사일수록 잡설(雜說)이 많은 법이다. 학생들이 집중하지 않으니 재밌는 이야기로 시간 때우는 경우가 많기 때문이다. 나 역시 다르지 않았다. 그런데 신기한 것은 유독 역사 이야기를 할 때 학생들의 눈이 반짝거렸다는 점이다. 사실 역사는 철학만큼이나 친해지기 어려운 과목이다. 도병마사, 도평의사사, 비변사, 균전제, 한전제……. 뜻 모를, 아니 알아듣는다 해도 정작 왜 알아야 하는지는 이해 못할 암기 과목. 이게 학창 시절에 각인된 '역사'에 대한 나의 인상이었다.

하지만 경경위사(經經緯史)라 했던가, 과연 철학과 역사는 찰떡궁합이었다. 철학은 파편처럼 흩어진 역사적 사실들을 의미 있게 엮어 주는 날실이고, 역사는 허공에 떠도는 사변들을 현실로 풀어 주는 씨실이다. 나는 비로소 역사를 통해 철학을 제대로 이해하고 가르칠 수 있었다.

인류 역사 전체로 볼 때, 직업 철학자의 등장은 사실 얼마 되지 않은 일이다. 공자나 맹자 같은 이들은 '정치 컨설턴트'에 더 가까운 사람들이었다. 토마스 아퀴나스는 신부님이었고 데이비드 흄은 정치가였으며, 존 스튜어트 밀은 동인도 회사에서 평생을 보낸 월급쟁이였다. 심지어 카를 마르크스조차도 젊은 시절에는 신문사 편집장으로 활동했던 사람이다.

당대를 주름잡는 철학은 그 시대의 고민을 오롯이 안고 있다. 철학자들은 골방에 있지 않았다. 오히려 이들은 격동의 현장에 서서 한 시대의 문제를 진단하고 치유하기 위한 방안을 내놓았던 사람들이다. 19세기 자본주의의 모순이 절정에 이르지 않았다면 마르크스의 사상은 태어나지 않았을 터이다. 반면, 마르크스가 없었다면 지금 우리 사회를 달구는 이념 논쟁도 없을 것이다. 마찬가지로 상앙과 한비의 철학이 없었다면 진시황의 제국은 한낱 군벌 이상으로 자랄 수 없었을 것이고, 진(秦) 제국이 몰락하지 않았다면 한(漢)나라에 이르러 유교라는 한층 세련된 철학이 등장하지도 못했을 것이다.

이처럼 역사와 철학은 서로 주고받으며 시대를 이끌어 나가는 두 축이다. 역사를 알면 박제같이 창백해진 철학 속에서 뜨거운 정열과 감동을 다시 느낄 수 있다. 반대로 철학은 '역사를 위한 내비게이션'이다. 철학이 있는 역사 공부는 시대의 맥을 짚고 미래를 진단하는 안목을 갖게 한다. '문사철(文史哲)'이라는 말처럼 문학과 역사와 철학은 원래 하나이다. 아니, 하나일 때라야 온전히 지혜로서 기능할 수 있다. 《철학, 역사를 만나다》는 10여 년간 철학도로서, 그리고 철학 교사로서 역사와 철학을 통해 얻은 나름의 철학적 성찰을 모은 책이다. 앞으로 더 내공이 쌓인다면 문학과 철학의 만남도 주선해 볼 생각이다.

　이 한 권의 책에는 너무도 많은 분의 도움이 담겨 있다. 제일 먼저 떠오르는 분은 〈고교독서평설〉의 윤소현 팀장이다. 이 책의 내용은 2년여 동안 이 잡지에 연재하면서 갈무리해 두었던 것이다. 나는 긴 연재 동안 단 한 번의 예외도 없이 마감 시한을 넘기곤 했던 게으른 필자였다. 그 결과 치밀하고 꼼꼼한 윤 팀장에게 적지 않은 업보를 남겼다. 자고로 마감에 쫓기지 않은 명작은 없다고 하던가. 이 책이 좋은 평가를 받는다면, 그것은 우둔한 필자의 펜대를 끝끝내 돌아가게 만들었던 윤 팀장의 유능함 덕분이다. 웅진의 김형보 팀장과 최윤경 씨에게도 고마움을 전한다.

　권희정, 김광호 부부에 대한 감사도 빼놓을 수 없다. 두 분은 늦은 밤이건 새벽이건 언제든 의문이 생길 때마다 두드릴 수 있는 나의 '인간 검색 엔진'이었다. 간과한 부분이 있으면 놓치지 않고 지적해서 깨우치게 했던 두 분의 명민함은 철학의 성자 소크라테스를 떠올리게 한다.

은사이신 이한조, 김완수, 정인재, 박종대, 엄정식, 성염, 스팔라틴, 강영안, 최진석, 박병준 교수님, 그리고 스승이자 오랜 벗인 서동욱 교수님께 항상 부족하기만 한 감사를 드린다. 필자의 모든 철학함은 이분들에게서 나왔다. '학문함의 은인'이신 정창현 선생님, 그리고 김병택 중동고 교장 선생님과 중동의 동료 선생님들, 교직원들에 대한 존경심도 표현할 길이 없다.

필자는 로버트 기요사키의 《부자 아빠, 가난한 아빠》에 나올 법한 전형적인 가난한 아빠다. 가족들에게 경제적인 풍요로움을 안겨 주지도 못했고, 그들이 필요한 곳에 있어 주지도 못했다. 그럼에도 한없는 믿음을 주시는 부모님과 할머니, 장인, 장모님, 그리고 두 형님과, 늘 뒤에 있지만 마음속에서는 가장 앞에 있는 아내에게 고마울 따름이다.

이 책은 종훈, 종빈, 종호, 수빈, 종석, 지원이를 생각하면서 썼다. 아이들이 자랐을 때 이 책이 그네들의 지혜를 더해 주었으면 좋겠다.

2005년 11월
네 번째 책을 탈고하는 날
안광복

철학은 파편처럼 흩어진 역사적 사실들을

의미 있게 엮어 주는 날실이고,

역사는 허공에 떠도는 사변들을

현실로 풀어 주는 씨실이다.

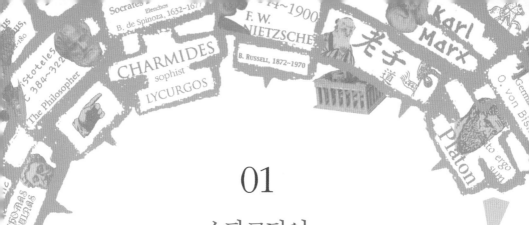

01

스파르타여,
타락한 아테네를 구원하라!

플라톤의 이상 국가

"스파르타 인들은 다른 그리스 인들보다 자신들이 뛰어난 이유가 지혜에
있다는 사실을 감추려 했습니다. 단지 싸움을 잘하고 용기가 있어서
잘난 것처럼 위장했던 것이지요. ……
그래서 이웃들이 스파르타를 잘못 본받게 되었답니다. ……
그러나 스파르타 인 사이에서 가장 보잘것없는 사람을 추려내 한번 이야기를
나눠 보십시오. …… 그는 마치 창던지기 명수가 그렇듯 깜짝 놀랄 만큼
짧고 압축된 말로 감동을 줄 것입니다."

– 플라톤의 《프로타고라스》 대화편 중에서

스파르타 팬클럽

제대로 된 적수는 증오의 대상이라고 하더라도 그 뛰어남 때문에 경탄을 불러일으킨다. 용감하게 싸우다 죽은 장수는 상대편 전사들에게도 존경의 대상이 되듯 말이다.

기원전 404년, 고대 그리스 최고의 문명국가였던 아테네는 스파르타에 항복하고 만다. 아테네를 무릎 꿇게 만든 스파르타는 지리적으로나 문화적으로 그리스와 한참 떨어진 우리들에게조차 '스파르타식'이라는 말로 잘 알려져 있는 도시 국가다. 그만큼 고대 그리스의 수많은 폴리스 중에서도 스파르타는 아주 독특한 개성을 지니고 있었다.

스파르타에 대한 아테네 사람들의 태도는 극히 이중적이었다. 아테네 인들은 스파르타를 군사 훈련밖에 모르는 '무식한 군바리들의 나라' 정도로 무시했지만, 다른 한편으로는 '그리스의 질서 학교'로 존경하기도 했다. 금욕과 절제에 바탕을 둔 스파르타의 강인한 무사 기질은, 민주주의를 한답시고 시민들 입만 되바라지게(?) 만든 나약한 폴리스들에게는 경외의 대상이었던 것이다. 실제로 민주 정치를 택한 다른 폴리스들이 심한 정치적 혼란을 겪을 때에도, 스파르타는 흔들리지 않았고 시민들은 평등하고 조화로운 삶을 누렸다.

아테네에는 '스파르타의 열렬한 팬'들이 있었다. 가진 게 많고 배운 것도 많은 사회 엘리트들에게는 숫자가 많다는 이유로 서민들이 주도권을 잡는 아테네의 민주주의가 마뜩잖았을 터이다. 더구나 민중을 교묘히 휘어잡던 페리클레스(Perikles, 기원전 495?~기원전 429)가 죽은 뒤, 아테네 민주주의는 중우정치(衆愚政治, 어리석은 사람들의 정치 또는 민중을 어리석게 만드는 정치라는 뜻으로 '민주정치'를 비꼬아 이르는 말) 그 자체였다.

다수결로 죄의 유무를 가리던 아테네 법정의 재판관은 법률에 대한 지식이 없으면서도 소일거리 삼아 참가 수당을 타려는 노인들로 채워졌고, 모든 성인 남자가 참여하는 민회(최고 결정권을 지니고 있던 아테네의 시민 기구)에서는 조금이라도 고통과 인내가 필요한 정책은 반대했다. 또한 미래상을 제시하는 정치가보다 사탕발림과 화려한 말솜씨로 대중을 속이는 사람들이 더 인정받곤 했다.

애국심에 불타는 일부 엘리트들에게, 이런 분위기에 젖어 있는 아테네는 뭐 하나 제대로 되는 것이 없는 사회로 보였다. 이들은 약을 먹을지 사탕을 먹을지조차 환자들의 투표로 결정하는 것이 아테네의 민주 정치라며 개탄하곤 했다. 비록 적이기는

©Qwqchris

아테네 민주주의의 중심 행사인 민회는 '에클레시아'라고 하며, 2년의 군 복무를 마친 20세 이상의 성인 남성이 에클레시아에 참여하는 것은 권리이자 의무였다. 사진은 민회가 열리던 프닉스 언덕의 연단 유적.

소크라테스가 나이 70에 독배를 마신 데에는 '적국에 매료된 사회 불순 세력'이라는 혐의가 깔려 있었다. (자크 다비드, 〈소크라테스의 죽음〉)

했지만 체계적인 교육으로 절제와 금욕을 익힌 시민을 길러 내는 스파르타는 이들에게 '개혁 모범 답안' 그 자체였다.

　사회 부유층은 아니었지만, 뛰어난 학식으로 귀족 청년들을 몰고 다니던 소크라테스(Socrates, 기원전 470?~기원전 399)는 '스파르타 팬클럽(?)'의 회장이라 불러도 좋을 듯하다. 그는 평생 아테네의 천민적 민주주의를 혐오했고, 스파르타의 정체(政體)를 은근히 찬양하기까지 했다. 그는 사형당하기 20여 년 전부터 '스파르타식의 짧은 바지를 입은 젊은 이들과 어울리고 귀가 부은 사람들(권투 연습을 많이 해서 그렇다고 한다)과 몰려다닌다.'는 비아냥거림을 들을 정도였다. 거리의 철학자가 나이 70에 독배를 마신 데에는 실은 '적국에 매료된 사회 불순 세력'이라는 혐의가 깔려 있었던 것이다. 거기다 철학자 플라톤(Platon, 기원전 428?~기

철학, 역사를 만나다

원전 347?)을 비롯하여, 그의 외삼촌 카르미데스(Charmides, 기원전 5세기경, 아테네가 몰락한 뒤 생겨난, 몇몇 사람이 국가의 지배권을 장악하는 과두 체제의 핵심 인물로 활약했음) 등 혁명을 꿈꿨던 저명한 엘리트 청년들 대부분은 소크라테스의 제자였다.

고대 그리스의 두 기둥

아테네와 스파르타는 고만고만한 폴리스들이 모여 있는 고대 그리스 사회를 이끌던 '골목대장'들이었다. 강국 **페르시아**와 맞설 때 잠시 협력하기도 했지만 이 둘은 어느 한쪽이 다른 쪽을 꺾어야만 하는 숙적 관계였다.

이 둘의 색채는 너무도 달랐다. 아테네가 뱃길을 이용한 무역으로 먹고살았다면, 스파르타는 농사를 주업으로 했던 나라다. 거래의 투명성이 요구되는 상업이 발달한 덕택에 아테네에서 민주주의가 일찍 싹텄다면, 지주들의 권위가 중요했던 스파르타는 처음부터 끝까지 귀족 중심의 정치를 했다. 군대도 아테네는 해군 위주였고, 스파르타는 육군 위주였다. 그뿐 아니라 '시장'의 중요성을 일찍감치 깨달았던 아테네가 식민지 확보에 열을 올리는 제국주의의 길을 간 반면, 농사꾼을 땅에 붙잡아 두어야 했던 스파르타는 철저히 폐쇄적으로 변해 갔다.

기원전 479년, 폴리스들은 힘을 합쳐 마침내 호시탐탐 그리스 도시

> **페르시아** 기원전 6세기 후반에 고대 오리엔트 세계를 통일하여, 약 2세기 동안 중앙아시아에서 이집트에 이르는 넓은 지역을 지배했던 제국. 페르시아는 영토 확장 과정에서 기원전 492년(제1차 페르시아 전쟁)과 기원전 480~기원전 479년(제2차 페르시아 전쟁) 두 차례에 걸쳐 그리스 국가들과 큰 전쟁을 치렀는데, 모두 그리스의 승리로 끝났다.

국가들을 노리던 페르시아를 물리치는 데 성공했다. 싸움이 끝나자 리더 격이었던 아테네의 위상은 급격히 높아졌다. '델로스 동맹'이라는 그리스 공동 방위 체제를 만들고 그 우두머리가 된 것이다. 그러면서 아테네는 다른 폴리스들에게서 '방위세'라는 명목으로 엄청난 세금을 거둬들여 그 돈을 자신들을 위해 써 버리곤 했다. 그러니 다른 국가들의 불만이 없을 리 만무, 최빈국이었지만 강한 군대를 지녔던 스파르타는 아테네에 맞선 국가들을 모아 또 다른 '골목대장'이 되었다.

펠로폰네소스 전쟁 기원전 431년부터 기원전 404년까지, 고대 그리스 도시 국가의 양대 세력인 아테네와 스파르타가 각자의 동맹 도시를 이끌고 패권을 다툰 전쟁. 상업 도시 코린토스가 아테네의 압박을 받자 이를 스파르타에게 호소하였고, 이것을 계기로 전쟁이 시작되었다.

그리하여 기원전 431년, 마침내 아테네와 스파르타는 자웅을 겨루었다. 무려 20여 년 넘게 끌어 '그리스의 자살'이라고까지 불리는 **펠로폰네소스 전쟁**이 일어난 것이다. 그리고 최후의 승자는 스파르타였다.

쾌락을 경멸하라

스파르타가 경제·문화 대국인 아테네를 이길 수 있었던 비결은 무엇일까? 그것은 스파르타의 국부(國父)라 불리는 리쿠르고스(Lycurgos, 스파르타의 전설적인 입법자로, 기록에 따르면 기원전 900년 또는 기원전 775년경에 활동했던 것으로 추정됨)가 만든 국가 체제에 있었다.

스파르타는 국가 자체가 군대라 해도 지나치지 않을 만큼, 엄격한 군대식 교육을 실시했다. 아이들은 태어나면서부터 훌륭한 전사가 될

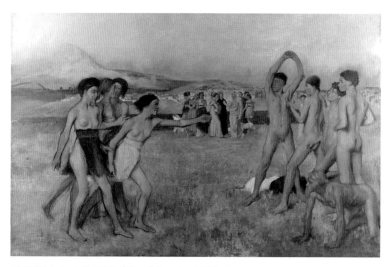

어릴 적부터 강도 높은 체력 훈련을 받아 온 스파르타 청년들은 용기와 끈기로 뭉쳐 있었다. (에드가 드가, 〈스파르타 청년들의 운동〉)

수 있는지 평가받아야 했고, 기형아나 병약한 아이는 죽임을 당했다. 심지어 결혼의 목적도 건강한 전사의 수를 늘리는 데 있었기에, 나이가 많아 아이를 만들지 못하는 남편은 훌륭하고 튼실한 젊은이에게 아내를 양보해야 했다.

또한 스파르타 시민이라면 누구나 평생 동안 두 가지 의무를 다해야 했다. 하나는 '공교육'이라고 번역할 수 있는 '아고게(agoge)'였고, 다른 하나는 '공동 식사 제도'였다. 그중 스파르타의 공교육은 실미도 특공대의 훈련과 맞먹을 정도로 혹독한 것이었다. 일곱 살부터 스무 살까지의 시민들은 누구든지 집단생활을 하며 훈련을 받았는데, 머리를 빡빡 깎은 채 맨발로 다녀야 했고, 어두운 밤에도 불을 켤 수 없었다. 그리고 음식은 도둑질을 해야만 겨우 배를 채울 수 있을 정도로 항상 부족했다. 이 모든 것이 강인한 체력과 인내심을 갖춘 전사를 기르기 위한 프로그램이었다.

반면, 생활에서는 겸손과 예절이 강조되었다. 공경하는 마음으로 어른에게 복종하며, 늘 침묵하고 '핵심만 찔러 간략하게 말하라'는 교육을 받았다. 연설이 출세를 위한 기술이었던 아테네와는 달리, 스파르타 인들은 말 많은 것을 극도로 싫어했다. 웅변술을 가르쳐 먹고살던 **소피스트**(sophist)들은 스파르타에서 제일 먼저 추방되는 족속들이었다.

소피스트 기원전 5세기경 그리스 전역을 돌아다니며 많은 보수를 받고 젊은이들에게 웅변술을 비롯한 지식이나 기능을 가르치던 사람.

거기다 청소년들은 '정치 기본 소양 교육'도 받아야 했다. 때때로 '누가 제일 훌륭한 사람인가?' 같은 질문을 던져서, 그들이 스스로 답을 찾으면서 훌륭한 지도자란 어떤 품성을 지녀야 하는지 생각해 볼 수 있도록 했다. 한마디로 스파르타의 교육 목표란 '야수처럼 강건한 신체를 지니고 공공장소에서는 겸손하며 예절 바를 뿐더러 정치에 대해서도 뭔가 좀 아는 젊은이'를 기르는 데 있었다.

한편 스무 살이 넘은 스파르타 시민이라면 누구나 평생 동안 '공동 식사'를 해야 했다. 일종의 '밥상 공동체'였던 셈이다. 이처럼 개인적으로 집에서 음식을 만들어 먹지 못하게 한 이유는 사회적 평등을 위한 것이었다. 부자건 가난한 자건 같은 식탁에서 밥을 먹는다면 제아무리 재산이 많아도 호화로운 식사를 할 수 없기 때문이다. 그것도 모자라 스파르타에서는 토지를 양도하거나 매매할 수 없었고, 귀금속이나 화폐의 사용도 억제되었다. 따라서 스파르타 인들은 재물에 큰 욕심이 없었다. 은식기가 있어도 쓸 수 없고 돈이 많아도 '같이 써야 하는' 현실이니 누가 재산에 욕심을 내겠는가?

스파르타 인들은 재물에 욕심이 없는 대신 '영예로운 인생'을 중요하

철학, 역사를 만나다

게 생각했다. 시민이라면 누구나 국가로부터 노예들이 가꾸는 토지를 평등하게 분배받았기에, 그들은 생계를 위한 '천한 일'에서 자유로울 수 있었다. 사생활이 어떤 것인지 모를 뿐더러 원하지도 않는 사람들과 꿀벌처럼 공동체를 이루어 살며 조국을 위해 목숨을 던지는 삶이 가장 아름답다고 여기는 사람들의 나라, 스파르타. 이러한 스파르타는 탐욕에 가득 찬 시민들이 지극히 이기적인 주장만을 내뱉고 사는 아테네의 지식인들에게 '꿈의 나라'나 다름없었다.

플라톤의 이상 국가와 스파르타

그래서인지 조국 아테네의 쇠락과 부패를 직접 목격한 플라톤이 《국가》에서 그린 이상 사회는 왠지 스파르타의 모습을 닮아 있는 듯하다. 플라톤에 따르면, 국가의 계급은 생산자(농민 등), 수호자(군인), 통치자(철인 왕)로 나뉜다. 교육은 이 가운데 수호자, 곧 사회 지도층인 군인을 양성하는 데 집중된다. 이들의 선발과 교육 과정은 스파르타에서처럼 출생과 동시에 이루어지는데, 이들은 음악과 체육 교육을 집중적으로 받는다. 그리고 수호자 중에서 뛰어난 자가 통치자가 된다.

검약과 절제를 몸에 익히고 참된 지혜를 갖춘 철학자를 양성하고, 그에 의해 통치되는 나라, 이것이 바로 플라톤이 그리는 유토피아(이상 국가)다. 그리고 이렇게 되었을 때 생산자 · 수호자 · 통치자 계급은 각각 절제 · 용기 · 지혜의 덕을 이루며 국가는 정의롭게 된다. 쉽게 말하면 생산자는 절제의 덕, 수호자는 용기의 덕, 통치자는 지혜의 덕을 잘 구

플라톤은 '아카데메이아'라는 학교를 세워, 검약과 절제를 몸에 익히고 참된 지혜를 갖춘 철학자, 곧 철인 왕을 길러내려 했다. 그림은 폼페이 유적에서 발굴한 모자이크화.

현하여 개인과 사회가 온전히 제 기능을 다하게 되면 정의가 이루어진 다는 뜻이다. 그런데 절제 · 용기 · 지혜 · 정의는 사실 스파르타가 지향 했던 덕목들이다. 결국 플라톤이 그린 꿈의 나라에는 현실의 스파르타 가 소름 끼칠 정도로 정확하게 구현되어 있는 것이다.

이 같은 플라톤의 이상 국가론은 지난 2500여 년 동안 서양 문명에 큰 영향을 끼쳐 왔다. 사실 엘리트 교육의 원조라 할 수 있는 영국의 '신사(gentleman) 교육'은 플라톤이 《국가》에서 주장한 내용과 별반 다 르지 않다. 욕구를 절제하고 인내력을 기르며, 용기와 명예, 희생 정신 을 중요하게 여기는 교육은 지금도 엘리트 교육의 바탕이 되고 있는 것 이다. 우리는 여기서 인류 문명에 깊이 드리워진 스파르타의 흔적을 찾 을 수 있다.

그러나 문제는 플라톤의 생각과 달리 스파르타의 현실에는 너무도 추악한 면이 숨겨져 있었다는 점이다. 스파르타 인이 '프로 전사'로서 그토록 엄격한 생활을 했던 이유는 시민을 행복하게 하는 데 있지 않았 다. 그들은 자신들이 감당할 수 없을 정도로 엄청난 수의 노예들을 거 느리고 있었다. 틈만 보이면 반역을 꾀하는 이들에게서 자신들을 방어 하려면 어쩔 수 없이 싸움꾼이 될 수밖에 없었던 것이다. 이를 위해 그 들은 해마다 노예 계층인 헤일로타이(heilotai)에게 전쟁을 선포하여, 이 들을 죽이고 괴롭히는 일을 반복하곤 했다.

게다가 스파르타는 플라톤이 꿈꾸던 '지혜로운 현자의 나라'와는 거리가 멀었다. 스파르타 인들은 싸움꾼이 되는 교육을 받았을 뿐, 인생을 풍요롭게 하는 철학자의 자질은 배우지 못했다. 실제 그들의

헤일로타이 고대 스파르타의 예 속 농민으로, 주로 스파르타 점령 지에서 살아가는 사람들이 여기 에 속했다. 이들은 자기 공동체에 서 자신들의 농가구로 자기 땅을 경작하여 주인이 된 스파르타 인 에게 수확의 반을 바쳤다.

01 스파르타여, 타락한 아테네를 구원하라!

지식은 무식을 면하는 정도에 그쳤을 뿐이다. 플라톤이 그토록 경멸하던 아테네는 화려한 문화를 꽃피웠고 수많은 유산을 인류에게 남겨 주었지만, 스파르타가 남긴 문화는 '스파르타식'이라는 말이 주는 강압적인 어감 외에 거의 없다고 해도 지나치지 않다.

그래서 스파르타는 아테네와의 전쟁에서 '최후의 승리'를 거둔 바로 그 순간부터 몰락하기 시작했다. 평화로운 때에 시장에서 칼을 뽑을 수는 없는 일, 그들의 용맹은 더 이상 장점이 아니었다. 아테네로 쏟아져 들어가던 막대한 부가 그들에게 흘러들자, 스파르타는 곧 흔들리기 시작했다. 뇌물이 오갔고, 남의 재산을 차지하기 위한 온갖 음모가 판을 쳤으며, 많은 시민들이 재산을 잃고 노예로 전락했다.

거기다 토론과 합의라는 민주 시민 교육을 받은 적이 없는 그들로서는 복잡한 국제 정세를 풀어 나갈 만한 능력이 없었다. 결국 기원전 399년, 스파르타는 또 다른 폴리스인 테베와의 전투에서 크게 패했고, 아테네와 스파르타라는 두 '골목대장'이 모두 없어진 그리스는 역사의 뒤안길로 사라져 버렸다.

스파르타는 민주주의의 백신?

우리는 아름다움을 사랑하되 사치로 흐르지 않으며, 지혜를 사랑하되 나약해지지 않습니다. 부를 자랑거리가 아니라 행동의 기회로 알고 활용할 줄 압니다. 가난을 인정하는 일이 부끄러운 것이 아니라 빈곤에서 벗어나기 위해 노력하지 않는 것이 부끄러운 일입니다. …… 우리는 스스로 정책을 만들고 올바르게 되는 일에 참여합니다. 토론은 행동에 지장이 되는 일이 아니라 행동하기 전에 미리 가르침을 받는 일이라 생각합니다. 한 사람이 말을 잘하거나 잘 못함으로써 많은 사람들의 용기와 신념을 위태롭게 해서는 안 됩니다.

펠로폰네소스 전쟁에서 죽음을 맞은 장병들에게 보내는 페리클레스의 추도사 중 일부다. 페리클레스는 아테네의 황금기를 이끌었던 정치가다. 우리는 그의 말 속에서 스파르타의 엘리트주의와 대조되는 민주주의의 이상을 엿볼 수 있다.

페리클레스는 민주주의와 사회 발전에 크게 기여하여, 아테네를 그리스의 정치·문화의 중심지로 만들었다.

아테네와 스파르타의 대결은 우리 일상 속에서 여전히 '현재 진행형'이다. 엘리트주의와 평등주의, 우월한 자의 결단을 따를지 민주적 절차를 거친 다수의 의견을 따를지의 여부는 학급 반장을 뽑을 때조차도 부딪히는 문제이기 때문이다.

질서와 절제는 아름다워 보인다. 그러나 우리는 무엇을 위해 금욕하고 자제해야 하는지를 늘 생각해 보아야 한다. 영국의 철학자 버트런드 러셀(Bertrand Russell, 1872~1970)은 《서양 철학사》에서 스파르타가 아테네를 이긴 사건은 나치 독일이 미국을 이긴 것과 같다고 말했다. 강력하지만 무미건조한 생계형 국가가, 방탕해 보이지만 풍요로운 문화 국가를 이겼다는 뜻이다. 그뿐 아니라 스파르타나 나치의 번영은 다른 민족에 대한 착취를 바탕으로 이루어진 것임을 기억해야 한다.

플라톤의 철학은 본능적 욕구에 휩쓸려 비판 정신을 잃은 천민적 민주주의에 대한 강한 혐오감에서 나왔다. 그가 스파르타에서 찾은 이상 국가의 모습은 민주주의가 극단의 이기심으로 흐르지 않게 하는 '백신'일 수도 있다. 그러나 치료제는 결코 일상의 식사가 될 수 없다. 왜 민주주의가 그토록 오랜 세월 동안 비판을 받아 왔으면서도 여전히 최선의 제도일 수밖에 없는지 곰곰이 생각해 볼 일이다.

 더 읽어 봅시다!

- 플라톤의 《국가》
- 플루타르코스의 《플루타르코스 영웅전》

소크라테스의 논박술(elenchos)

철학을 전혀 모르는 사람이라도 소크라테스라는 이름만은 알 것이다. 그 이름은 학습지 명칭에까지 쓰일 정도로 널리 퍼져 있다. 그러나 정작 소크라테스는 자신의 사상을 펼친 적이 없다. 그의 유일한 '업적'은 대화를 통해 상대방의 무지(無知)를 깨우쳐 준 것뿐이다. 진리 앞에서 겸허해지도록 만든 게 그의 가르침의 전부였다. 그래서 그는 자신을 '진리를 낳는 산파(産婆)'라고 부르곤 했다. 산파는 아이를 낳는 사람이 아니라 순산하도록 도와주는 사람이다. 그는 상대방이 진리를 잉태할 수 있도록 교묘한 논리적 기법을 폈다. 이른바 '소크라테스의 산파술'이다. 어떻게 그럴 수 있었을까? 크세노폰 (Xenophon, 기원전 431?~기원전 350?)의 《소크라테스 회상》에 나오는 예를 보자.

"민중이란 누구인가?"
"가난한 사람들을 말합니다."
"가난한 사람이란 어떤 이들이지?"
"항상 돈에 쪼들리는 사람들을 말합니다."
"부자들도 대개 돈이 부족하다고 늘 아우성이다. 그렇다면 부자도 가난한 사람 아닐까?"
"그렇게 볼 수 있겠지요."
"그렇다면 민중이 주체가 된다는 민주주의는 가난한 사람들의 정체(政體)인가, 부자들의 정체인가?"

이렇듯 소크라테스는 상대방의 논리를 따라가다 보면 결국 모순에 부딪힌다는 사실을 드러내 준다. 그렇게 하여 상대방이 스스로 자신의 편견을 깨닫게 했던 것이다.

02

그리스 웰빙 족의
이상과 꿈

아리스토텔레스

"최선의 생활은 중용(中庸)에 있다. 정치 또한 시민들의 생활이기에,
정치 질서를 평가할 때도 생활을 가늠한 때와 똑같은 기준을 적용해야 한다. ……
재산에 있어서도 부자도 가난한 자도 아닌 중간 상태가 최선이다.
이런 상태에 있는 사람들이 이성에 가장 잘 따른다. …… 따라서 중산 계급에
기초를 두고 있는 나라가 최선의 상태에 있음은 두말할 나위 없다."
– 아리스토텔레스의 《정치학》 중에서

'웰빙 철학자' 아리스토텔레스

철학은 고뇌의 학문이다. 세상이 내 마음 같지 않고 일이 뜻대로 풀리지 않을 때 사람들은 누구나 철학자가 되곤 한다. '인생이란 무엇인가?', '세상의 정의(正義)란 무엇인가?'를 스스로 되묻게 된다는 뜻이다. 그러나 '만사 오케이'인 데다가 인생이 온통 장밋빛인 사람은 이런 심오한 질문을 던지는 일이 좀처럼 없다.

이 점에서 '철학자' 하면 떠오르는 '우거지상을 한 지지리 궁상'의 이미지는 그럴싸한 데가 있다. 실제로 인류 역사를 빛낸 철학자들을 보면 유난히 스산한 시대에 태어나 신산(辛酸)한 삶을 산 사람들이 많다. 시대와 자신이 안고 있는 문제에 민감하면 고민이 많을 터이고, 그럴수록 쓸 만한 해결책도 많이 튀어나오게 마련이니 철학자로서도 유명해졌을 것은 당연한 일이다.

그러나 철학자들에 대한 이런 고정관념과는 상당히 거리가 있는 '웰빙(well-being) 철학자'들도 있다. 플라톤과 더불어 서양 사상의 뿌리로 숭앙받는 아리스토텔레스(Aristoteles, 기원전 384~기원전 322)도 그중한 명이다.

남아 있는 그의 동상만 보더라도, 세련된 옷맵시에 최신 헤어스타일까지 '웰빙' 냄새가 물씬 풍긴다. 실제로 그는 유복한 가정에서 태어나 꽤나 성공적인 삶을 살았다. 또한 가정적으로는 자상한 남편이자 훌륭한 가장으로서 노예들한테도 세심한 배려를 아끼지 않았다고 한다. 요즘으로 치면 그는 '내로라하는 집안에서 태어나 일류 대학에서 박사 학위를 받고 재벌가 딸과 결혼한 다음, 국립대학 총장으로 있다가 나중에 대학을 하나 세워서 명문으로 키워 낸 사람'이라 할 만하다. 이 정도면 입이 떡 벌어질 만큼 부러운 생애를 산 철학자라 할 수 있지 않을까?

아카데메이아의 정신

그런데 아테네 사람들의 기준으로 볼 때 아리스토텔레스는 '야만인'이었다. 그의 고향인 마케도니아의 도시 스타기라는 아테네 사람들에게 '시골 깡촌' 그 이상도 이하도 아니었다. 하지만 문화적 자부심으로 가득 차 있는 오만한 아테네 사람들도 마케도니아 인을 드러내 놓고 멸시하지는 못했다. 그 당시에는 이 야만인들의 힘이 문화 도시 아테네를 압도하고도 남았기 때문이다.

마케도니아 왕이자 알렉산드로스(Alexandros, 기원전 356~기원전 323) 대왕의 아버지인 필리포스 2세(Philippos II, 기원전 382~기원전 336)는 아테네를 '천재와 노예의 잡동사니' 정도로 여겼다. 학문과 문화는 물론 상업도 발달했지만 정치적으로는 지리멸렬하고 사회 기강도 무너진 사회, 그게 '야만인'들의 눈에 비친 아테네의 모습이었다. 하지만 교육 수준은 대단히 높아서 모든 그리스 인들이 이 도시를 선망했다. 그래서 유능한 젊은이들은 아테네로 유학을 가곤 했는데, 아리스토텔레스도 바로 그런 젊은이 가운데 하나였다. 열여덟 살에 '조기 유학생'이 된 아리스토텔레스는 그 뒤로 20년 동안 아테네에 머물며 학문을 닦았다.

아리스토텔레스가 공부했던 곳은 플라톤이 세운 유명한 학교 **아카데메이아**(Akadēmeia)였다. 주로 산술과 기하학을 가르쳤던 이 학교에서 그는 매우 뛰어난 학생이었다. 스승인 플라톤에게서 '아카데메이아의 정신'이라는 칭찬을 받을 정도였다.

> **아카데메이아** 기원전 385년경 아테네 교외에 세워졌으며, 산술·기하학·천문학 등을 거쳐 철학에 이르기까지 다양한 교육을 시행했다. 529년 동로마 황제 유스티니아누스가 '비(非) 기독교적'이라는 이유로 폐쇄하였다.

그러나 아리스토텔레스와 플라톤은 코드가 잘 맞지 않았다. 두 사람은 자라난 환경과 기질이 너무나도 달랐다. 아테네 명문가 출신인 플라톤은 타락한 아테네 민주 정치 때문에 스승 소크라테스를 잃는 비극을 경험했던 사람이다. 그에게는 비뚤어진 조국의 현실을 바로잡겠다는 비분강개가 넘치고 있었다.

그렇지만 아테네의 이방인인 아리스토텔레스로서는 몰락한 아테네의 현실을 탄식해야 할 이유가 없었다. 그는 그냥 '유학생'일 뿐이었다. 아테네의 몰락도 그에게는 학문적인 이유 때문에 관심 있게 지켜보는 하나의 정치 현실에 지나지 않았다.

이런 견해 차이는 철학의 차이로도 이어졌다. 플라톤의 철학은 한마디로 이상주의(idealism)라 할 만하다. 그에게 현실은 모두 잘못된 것이고, 현실 너머에는 모든 게 완전한 세상, 곧 이데아(idea)의 세계가 있

가운데 두 사람이 플라톤과 아리스토텔레스다. 이상주의자인 플라톤의 손가락은 하늘을 가리키고 있으며, 현실주의자인 아리스토텔레스의 손바닥은 땅을 향해 있다. (라파엘로, 〈아테네 학당〉)

다. 그러니 플라톤은 사람이라면 누구나 당연히 현실을 이데아처럼 만들기 위해 노력해야 한다고 생각했다.

이처럼 플라톤의 사상이 '혁명을 꿈꾸는 열혈남아의 철학'이었다고 한다면, **의사 집안 출신답게** 아리스토텔레스의 철학은 지극히 현실적이었다. 사실 뜬구름 같은 이상만으로는 병을 치료할 수 없는 노릇이다. 증상에 대한 관찰과 실험, 추상화(일반화)를 통해 병명을 알아내고 원인을 짚어 내는 치료의 과정은 아리스토텔레스의 철학 방법이기도 하다. 현실을 인정하고 관찰하여 그 원인과 변화의 목적을 밝히고 드러내는 과정, 이것이 아리스토텔레스의 학문하는 방식이었다. 그러니 이상주의자였던 스승의 마음에 들 리가 없었음은 당연한 일이다.

아리스토텔레스의 아버지 니코마코스는 마케도니아의 어의(御醫, 궁중 의사)였다. 니코마코스는 '의학(醫學)의 신'이라 불리는 아스클레피오스의 피를 이어받았다는 이야기를 들을 정도로 실력과 인품이 뛰어난 사람이었다고 한다.

그래서인지 이 '아카데메이아의 정신'은 가장 뛰어난 학생이었음에도 플라톤의 후계자가 되지 못했다. 스승은 죽으면서 학원을 자신의 조카에게 물려주었고, 아리스토텔레스는 미련 없이 학원을 떠났다. 뒤에 각각 이상주의와 현실주의의 뿌리가 되는 플라톤과 아리스토텔레스가 결별한 순간이었다.

알렉산드로스 연구 재단

아카데메이아를 떠난 아리스토텔레스는 지금의 초빙 교수와 비슷한 생활을 했다. 각계각층의 사람들이 그를 모셔다 강의를 듣고 싶어 했는데, 그의 학생들은 주로 왕이나 군주들이었다. 그가 어느 군주의 딸과 결혼한 것도 이 무렵의 일이다.

기원전 343년, 마흔두 살의 아리스토텔레스는 다시 마케도니아로 돌아갔다. 훗날 마케도니아의 왕이 되어 세상에 이름을 떨치게 될 열세 살의 왕자, 알렉산드로스의 스승으로 초빙되었던 것이다. 이미 그때부터 알코올 중독기가 있었다던 이 되바라진 소년에게 아테네 유학생 출신의 대학자가 어떤 영향을 주었는지는 분명치 않다. 나중에 알렉산드로스가 그의 가르침에 감동하여 "저는 권력이나 영토 확장보다 선(善)에 대한 지식에서 남보다 뛰어나고 싶습니다."라고 말했다고는 하지만, 이 말은 스승의 날에 쓰는 형식적인 감사의 글 정도에 지나지 않는다. 알렉산드로스의 그 뒤 행적을 보면 어디에서도 아리스토텔레스의 흔적이 느껴지지 않기 때문이다.

아리스토텔레스는 리케이온이라는 학원을 열어 큰 성공을 거두었다. (구스타프 스판젠베르크, 〈아리스토텔레스 학원〉)

　어쨌든 '왕의 은사'였다는 사실은 아리스토텔레스에게 적잖은 후광으로 작용했다. 그는 마흔아홉 살에 다시 아테네로 돌아와 '리케이온(Lykeion)'이라는 학원을 열어 대성공을 거두었다. 전해 오는 이야기에 따르면 알렉산드로스는 스승의 연구를 위해 800탈란트, 지금 돈으로 400만 달러에 이르는 돈을 기부했다고 한다. 말하자면 리케이온은 '알렉산드로스 연구 재단'이었던 셈이다.

　이 돈으로 아리스토텔레스는 수많은 자료를 수집하고, 지금의 대학 교수처럼 강의와 연구를 했다. 그는 생각할 수 있는 거의 모든 일에 대해 연구를 진행했다. 그의 연구는 매우 체계적이어서, 개념 · 범주 · 본질처럼 지금도 쓰이는 학문 용어들이나 정치학 · 윤리학 등 현대 학문의 구분도 그 원형은 모두 아리스토텔레스에게서 비롯되었을 정도다.

한 마리 제비가 봄을 몰고 오지는 않는다

그는 스승과 달리 철저히 관찰과 실험을 중시했다. 뇌는 피를 식히는 기관일 뿐이며 생각은 심장이 한다거나 쥐는 소금을 핥기만 해도 임신을 한다는 등 매우 기괴한 사실을 발표하기도 했지만, 이는 당시의 관찰 수단이 보잘것없었던 탓일 뿐 아리스토텔레스의 잘못은 아니다.

또한 그는 학문을 크게 이론학과 실천학으로 구분했다. 이론학은 세계의 본질과 원리를 탐구하는 학문으로, 지금으로 친다면 물리학·형이상학 등이 여기에 해당한다. 그는 세상살이가 책에 쓰인 대로 되지 않는다는 사실을 너무나 잘 알고 있었다. 그래서 정치·가정생활·윤리 등의 문제를 실천학으로 따로 분리했는데, 이 분야의 학문은 '철학적 처세술'에 가깝다.

그는 인간 삶의 목적은 '행복'에 있다고 말한다. 그러나 인간은 신이 아니기에 무엇이 진정 행복해지는 길인지 확실히 알 수 없다. 그래서 그는 대안적 방법을 가르쳤다. 무엇이 옳은지를 알 수 없다면 극단적인 선택을 피하라, 곧 '중용(中庸)'을 취하라는 이야기다. 행복한 삶은 쾌락과 도덕 사이의 균형을 취하는 데서 얻어진다. 예를 들어, 용기 있는 행동은 무모와 비겁을 피하는 데서 나오고, 절제 있는 생활은 낭비와 인색을 피하면 이를 수 있다.

또한 중용의 길은 구체적인 상황에 따라 매번 달라지게 마련이다. 그러므로 우리는 중용을 택하는 '습관'을 길러야 한다. '한 마리 제비가 왔다고 해서 봄이 온 것은 아니다.'라는 말은 아리스토텔레스가 중용의 습관을 기르는 것이 얼마나 어려운 일인지를 강조하는 데 썼던 말이다. "지나치지 않게 살며 올바른 습성을 기를 것." 현대 웰빙 족들의 모토를 우리는 2300여 년 전에 살았던 아리스토텔레스에게서도 들을 수 있다.

중산 정치, 아테네의 웰빙 족

그의 정치적 견해도 '중용'의 연장선에 있다. 그는 민주주의의 발상지인 아테네에서 잔뼈가 굵은 그리스 인답게 독재 정권을 싫어했다. 아리스토텔레스는 그 이유를 '적은 양의 물은 쉽게 썩지만 많은 양의 물은 쉽게 썩지 않기 때문'이라고 말한다. 거기다 그는 '기술자 자신보다 물건을 쓰는 사람이 제품에 대한 평가를 더 잘 내리듯', 정치 역시 정치

©Tomisti

아리스토텔레스는 생계 문제에서 벗어나 사물의 옳고 그름을 판단할 수 있는, 중산층에 의한 통치 체제를 가장 이상적인 정치 형태로 꼽았다. 사진은 민주 정치의 중심이 된 아고라 광장.

전문가보다는 일반 대중이 더 올바른 판단을 내릴 수 있다고 믿었다.

그러면서 그는 독재와 민주주의의 중간에서 이상적인 정치 체제를 찾았다. 민주주의의 최악은 어리석은 대중이 수를 앞세워 정치판을 온통 엉망으로 만드는 중우정치다. 실제로 아테네가 바로 이런 상황에 놓여 있었다. 그래서 아리스토텔레스는 정치를 할 수 있는 대중이란 적어도 생계 문제에서 벗어나 초연하게 무엇이 올바른지를 판단할 수 있는 사람, 곧 여유를 가진 사람들이어야 한다고 생각했다. 그리고 가장 이상적인 정치 형태는 이들 중산층이 통치하는 '중산(中産) 정치'라고 주장했다. 부족하거나 넘치지 않게 중도를 지키며 살고, 삶의 여유를 누리며 문화를 이해하고 올곧은 정치적 판단을 내릴 수 있는 계층, 아리스토텔레스의 이상적인 국민들도 따지고 보면 지금의 웰빙 족과 크게 다르지 않다.

아리스토텔레스의 '화려한' 생애는 말년에 와서 꼬이기 시작했다. 기원전 323년, 그의 든든한 후원자였던 알렉산드로스 대왕이 숨을 거두자 아테네에서는 **반(反) 마케도니아 바람이 거세게 불었다.** 이런 상황에서 아리스토텔레스도 안전할 리 없었다. 그는 철학자들에게 단골로 씌워졌던 죄명, 곧 예전에 소크라테스도 뒤집어썼던 '신을 믿지 않는다.'는 이유로 고발당했다. 그러나 그는 소크라테스처럼 독배를 마시는 대신, '아테네 시민들에게 다시금

> **반(反) 마케도니아 열풍** 알렉산드로스 대왕과 그의 아버지 필리포스 2세는 강력한 군사력으로 다른 그리스 연합국들을 장악했다. 그로 인해 자연스레 마케도니아에 강한 적개심을 지닌 세력이 반 마케도니아 연합 전선을 결성했다.

철학을 욕되게 하는 기회를 주지 않기 위해' 탈출했다. 아테네에서 국외 추방은 피고가 택할 수 있는 권리였으므로 그의 행동이 비겁한 것은 아니었다. 역시 극단을 피하는 중용의 철학자다운 선택이라 할 만하다.

하지만 그는 탈출한 뒤 3개월도 못 되어 평생 그를 따라다니던 위장병이 도져서 숨을 거두고 말았다. 그리스 웰빙 철학자의 생애는 마지막 죽는 순간까지도 이렇게 굵고 짧았다.

천 년을 지배한 철학

알렉산드로스의 죽음과 아리스토텔레스의 추방 이후 고대 그리스는 철저히 몰락의 길로 접어들었다. 경제나 군사적인 면에서는 오래 전에 주도권을 잃었지만, 이제는 문화적으로도 빈사 상태에 놓이게 된 것이다. 이에 따라 아리스토텔레스도 자연스럽게 유럽에서 잊히고 말았다.

그를 되살린 것은 알렉산드로스가 개척한 동방에서였다. 유럽에서 이미 사라진 아리스토텔레스의 철학이 아랍 어로 번역되어 서아시아 쪽에서 활발히 연구되고 있었다. 그러다 5세기 무렵에 이르러서야 서남아시아 종교인 기독교 바람을 타고 유럽으로 '역수입'되기 시작했다.

리케이온이라는 '방대한 연구소'를 운영했던 학자답게 아리스토텔레스가 연구했던 분야는 생물학 · 지리학 · 물리학 · 수학 · 천문학 등 무척이나 다양하다. 게다가 중용 이론에서 볼 수 있듯이, 그의 철학은 '상식'에 가깝다.

알렉산드로스 대왕은 페르시아 제국을 멸망시키고 서남아시아와 인도 북서부에 이르는 광대한 제국을 건설했다. 그림은 다리우스 3세(Darius Ⅲ, 기원전 336~기원전 330)와의 전투를 그린 모자이크화의 일부.

철학, 역사를 만나다

그런 그의 철학을 가톨릭 신부들은 신학과 결합시켰고, 거기에 어떤 학문적 공격도 무력화시키려는 신학자들의 열정이 더해지면서 스콜라(scholar)라는 중세 특유의 '신학 같은 철학'이 탄생했다.

아리스토텔레스 이후, 근대 과학이 싹트기 시작한 1500년경까지 그에게 필적할 만한 대사상가는 출현하지 않았다. 이 기간 동안 그의 사상은 최고의 권위를 누려서 '그 철학자(The Philosopher)'라고 하면 으레 아리스토텔레스를 뜻하는 말로 쓰일 정도였다.

기발한 발상은 쉽게 사람들의 흥미를 끌지만, 정작 수명이 긴 것은 상식이다. 아리스토텔레스가 이처럼 오랜 세월 동안 철학 세계를 지배할 수 있었던 이유는 그의 철학이 지극히 '상식적'이었다는 점에서 찾을 수 있다. 현대 과학은 일상의 상식을 존중하는 듯하지만 사실은 그렇지 않다. 인간도 복제해 내고 필요하다면 돼지의 장기도 인간에게 이식하려는 것이 현대의 첨단 과학이다. 삶의 필요를 위해서라면 윤리나 상식은 뒷전으로 밀어 둘 정도다. 이런 현대 과학에 부작용이 없을 리 없다. 이미 현대 과학은 각종 공해, 유전자 조작 식품을 비롯하여 수많은 난제를 토해 내고 있다. 이렇게 볼 때, 경쟁과 효율을 거부하고 질 좋은 삶을 추구하는 웰빙 족이 출현하고, '상식이 통하는 웰빙 철학자'인 아리스토텔레스가 다시금 현대 철학자들의 주목을 받는 데는 다 그럴 만한 이유가 있지 않을까 싶다.

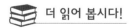 **더 읽어 봅시다!**

- 아리스토텔레스의 《정치학》·《시학》·《니코마코스 윤리학》

아리스토텔레스의 《니코마코스 윤리학》

"덕이란 중용이다. 중용이란 과도와 부족 사이의 중간이다. 중용은 이 둘의 중간을 목표로 삼는다. 그러나 덕 있고 선한 사람이 되기란 쉽지 않다. 무슨 일에서나 중간을 찾기란 어렵기 때문이다. 예컨대, 한 원의 중심을 찾아내는 일은 누구나 할 수 있는 것이 아니다. 그것을 아는 사람만 찾을 수 있다. 마찬가지로 화를 내거나 돈을 쓰는 일은 누구나 할 수 있지만, 마땅한 사람에게 마땅한 정도로 마땅한 때에 그럴 만한 동기에서 올바른 방법으로 화를 내고 돈을 쓰기란 쉽지 않다. …… 따라서 중간을 목표로 하는 사람은 먼저 양극단에서 멀어지지 않으면 안 된다. …… 이는 중용을 택하는 일이 극히 어렵기 때문에 차선책으로 악들 가운데 가장 적은 것을 취하는 방법이다."

– 제2권 9장 중에서

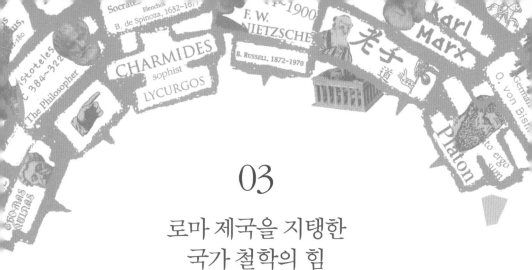

03

로마 제국을 지탱한
국가 철학의 힘

스토아 철학

"무엇이 일어나든 그 일은 우주가 시작된 이래
이미 준비되어 있었음을 기억하라. 나아가 여러 원인들이
서로 연관을 맺으며 옛날부터 그대 운명의
사소한 것까지 관여하고 있음을 명심하라."
– 아우렐리우스의 《명상록》 중에서

철학이 국가를 만들다

명문 집안에는 무시할 수 없는 나름의 가풍(家風)이 있다. 올곧은 어른이 계시고 윤리가 바로 서 있는 집안은 어떤 풍파에도 위엄과 기품을 잃지 않는다. 국가도 마찬가지다. 역사상 강대했던 제국들은 대개 뚜렷한 도덕적 기준과 목표를 지니고 있었다. 중국 대륙에 중화(中華) 문명의 뿌리를 내린 한(漢) 제국에는 유교라는 굳건한 국가 철학이 있었고, 무려 500년이라는 세월을 버틴 조선 왕조에는 성리학(性理學)이라는 윤리 질서가 있었다.

그 어떤 나라보다도 튼튼하고 견실했던 로마 제국은 무려 1500년이 넘는 기간 동안 지금의 유럽과 북아프리카, 중동 지역 전체를 통치했다. 하지만 로마도 처음에는 "지성에서는 그리스 인보다 못하고, 체력에서는 **켈트 인**이나 **게르만 인**보다 못하고, 기술력에서는 **에트루리아 인**보다 못하고, 경제력에서는

유럽 어족에 속하는 켈트 인은 기원전 5세기경부터 널리 유럽을 지배했으나 기원전 1세기경 로마의 지배 아래 들어간 민족이다. 게르만 인은 인도유럽 어족 중 게르만 어를 쓰는 민족의 총칭으로, 신체의 단련·충성·공동체 의식 등이 매우 강했다고 한다. 에트루리아 인은 기원전 4세기 초까지 중부 이탈리아에서 정치적·문화적으로 지도적 위치를 차지했던 인종으로, 민족 계통은 분명하지 않다. 카르타고 인은 기원전 6세기 서지중해의 무역을 장악하며 번영했던 카르타고 시의 주민들을 가리킨다.

카르타고 인보다 뒤떨어지는", 이탈리아의 조그마한 도시 국가에 지나지 않았다.

그렇다면 어떻게 약골 로마가 세계사에 길이 남을 대제국으로 클 수 있었을까? 가장 큰 이유는 뭐니 뭐니 해도 로마의 강인한 국가 정신에 있지 않을까 한다. 이번에 살펴볼 스토아(Stoa) 철학은 바로 로마가 가장 강성했던 시기에 '국가 철학'이다시피 했던 사상이다.

미국과 로마는 쌍둥이?

로마 제국은 여러 면에서 지금의 미국과 비슷한 구석이 많다. 첫째, 두 나라는 모두 여러 인종과 문화가 섞여 있는 다민족 국가다. 둘째, 강력한 군사력으로 세계를 재패했다. 미국이 제1, 2차 세계대전을 겪으며 일류 국가로 발돋움했듯, 로마 또한 끊임없는 전쟁으로 '성장 동력'을 얻었다. 셋째, 이 둘은 최고의 강대국임에도 문화적 열등감이 심한 편이다. 미국인들은 '맥도날드'로 상징되는 자기네 나라의 문화를 유럽에 비하면 한참 떨어지는 '저질'로 여기곤 한다. 이 점은 로마도 마찬가지여서 아무리 힘이 세다 해도 고귀한 정신 앞에서는 주눅이 들 수밖에 없는지, 그리

로마 제국의 미네르바 여신 상. 세계를 상징하는 구를 손에 들고 있다. 사진은 로마 캄피돌리아 광장의 미네르바 여신 상.

03 로마 제국을 지탱한 국가 철학의 힘

스를 정복하고서도 문화적으로는 그리스에 대한 열등감에서 헤어나질 못했다. 그뿐 아니라 현대 미국인들 사이에서도 영국식 표준 영어를 구사하는 사람들이 교양인으로 여겨지듯, 로마 인들도 상류 사회에서는 그리스 어를 써야 대접받을 수 있었다.

그래서인지 이들 두 나라의 '국가 철학'도 원래 자신들의 것이 아니었다. 미국 혼(魂)의 뿌리가 유럽에서 시작된 청교도 정신(puritanism)이 듯이, 로마의 정신인 스토아 철학도 원래는 그리스 철학이었다. 더 재미있는 것은 부와 힘의 상징이다시피 한 두 강대국의 국가 철학이 모두 소외된 자들을 위한 사상이었다는 점이다.

아파테이아, 스토아 철학의 꿈

청교도 정신이 영국이 주류 교회에 반기를 들었던 아웃사이더의 철학이었듯, 스토아 철학도 몰락한 그리스의 암울한 분위기를 달래던 극히 개인적인 철학에 지나지 않았다. 스토아 철학에서는 요즘으로 치자면 우울증 환자를 상담하는 정신과 의사 같은 분위기가 풍긴다.

스토아 철학에 따르면, 이 세상 일은 '숙명적'으로 결정되어 있다. 우리가 아무리 노력한다 해도 세상만사는 이미 '우주의 섭리(Logos)'에 따라 정해져 있어서 어쩔 수 없다. 인간이 할 수 있는 일이라고는 오로지 내 의지와 상관없이 흘러가는 세상사에 맞서 마음을 다잡는 것뿐이다. 예를 들어 사랑하는 아버지가 돌아가셨다고 해 보자. 너무 슬퍼 죽을 것 같은 이에게 스토아 철학자들은 조용히 충고한다. "아버지가 돌아가신 것은 네 뜻과는 상관없이 대자연의 법칙에 따라 이미 정해졌던 일이다. 그러니 슬퍼하지 마라. 네가 진정 이러한 신의 섭리, 곧 대자연의 순리를 깨우쳐 안다면 감정에 휩쓸리지 않는 담대한 행복에 이를 수 있다. 이것이 이른바 아파테이아(apatheia, 부동심)의 경지다.

언뜻 보기에도 이런 유(類)의 철학은 사업이나 인생이 마음먹은 대로 안 되고 꼬이기만 하는 이들에게는 위안이 될지언정, 승자의 논리와는 거리가 멀다. 그런데 스토아 철학이 어떻게 대제국의 철학이 될 수 있었을까? 그 이유는 스토아 사상이 묘하게 '군인 정신'과 맞닿는 부분이 있다는 데서 찾을 수 있다.

로마 군단은 개인의 용맹보다는 짜임새 있는 군진(軍陣)과 규율로 승부를 내던 군대였다. 여러분이 로마의 병사인데 눈앞에 엄청나게 덩치 큰 게르만 야만족들이 무더기로 소리를 지르며 달려오고 있다고 상상해 보라. 당장 등 돌려 도망치고 싶을 것이다. 하지만 스토아 철학은 말한다. "냉철하라. 이미 삶과 죽음은 신의 섭리로 정해져 있다. 네가 할 수 있는 일은 오직 헛된 감정에 휩싸이지 않고 너의 앞에 놓인 임무를 충실히 하는 것뿐이다." 정말 군인에게 어울리는 철학이 아닌가?

앞서 말했듯 로마는 전쟁을 통해 국력을 키워 나간 나라다. 잘나가던 시절, 로마 지도층의 정서는 제 목숨보다 명예를 소중히 여기는 '군인 정신'과 크게 다르지 않았다. 세네카(Lucius A. Seneca, 기원전 4?~65) 같은 철학자는 네로(Nero, 37~68) 황제에게 버림받자 스스로 목숨을 끊었다. "문은 항상 열려 있다. 그러니 무엇이 두렵겠는가?"라고 외치며 언제든 자기 스스로 목숨을 끊을 수 있다고 여긴 로마 인들은, 더 이상 가망이 없으면 자결하는 것을 최고의 명예로 알았다. 우주의 섭리가 그렇

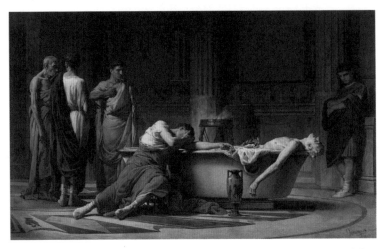

스토아 학파 철학자이자 네로 황제의 스승이었던 세네카는 네로 황제에게 버림받자 스스로 목숨을 끊었다. (마누엘 산체스, 〈세네카의 죽음〉)

다면 이제 자신의 의지로 마땅히 따라야 한다는 것이 그 이유였다. 그들은 "극장의 좌석은 모든 사람의 것이지만, 다른 한편으론 특정한 사람에게 예약되어 있듯이" 자기에게 주어진 몫에 최선을 다하고 나머지 결과는 모든 것을 알고 있는 신에게 맡기면 된다고 생각했다. 이렇듯 의무에 충실하면서도 결과에는 초연한 사람들이 다스리는 국가라면 어떤 고난 앞에서도 결국 승리할 수밖에 없지 않을까?

인간은 누구나 똑같다

더구나 스토아 철학은 로마 같은 다민족 국가에 딱 맞는 법의식(법에 대해 인간이 가지고 있는 규범 의식)을 제공하는 사상이기도 했다(로마법은 현대 법의 원천으로 여겨진다). 고대 전쟁에서 패배자에 대한 승자의 약탈과 학살은 당연한 일이었다. 그러나 로마는 너무나 특이하게도 승자의 권리를 유보할 줄 알았다. 점령한 뒤에도 적들의 종교와 풍습을 그대로 인정했고, 로마에 복종하는 한 지도자들의 권위도 인정해 주었다. 거기다 약간의 세금만 감수한다면 안전은 제국의 군대가 알아서 챙겨 주니, 정복당한 이들도 시간이 지나면 로마라는 '우산' 아래로 자연히 들어올 수밖에 없었다.

그렇다면 로마 인들은 왜 그토록 적에게 관대했을까? 그들에게는 모든 것이 '신의 섭리'라는 생각이 머릿속에 박혀 있었기 때문이다. 스토아 철학에 따르면 인간이 만든 법이란 사실 '가짜 법률'에 지나지 않는다. 대자연 속에는 머리가 있는 인간이라면 누구나 따르지 않을 수 없는 진짜 법이 있다. 이른바 '자연법'이 그것이다. 누군가 사람을 이유 없이 죽였다면, 아마도 사람들 대부분은 자기 일인 양 흥분하여 살인자를 비난할 것이다. 자연법이란 이렇듯 누구의 마음속에나 있는 자연의 섭리, 인간의 본성에 근거한 법을 의미한다.

자연법을 깨달을 수 있다면 인간은 누구나 법에 복종할 수 있다. 그렇다면 인간은 누구나 평등하다. 피부가 하얗건 까맣건, 라틴 어를 쓰건 게르만 어를 쓰건 간에, 자연법을 파악할 수 있는 이성을 가지고 있는 한 인간은 어느 누구든 존중받을 권리가 있기 때문이다. 그래서 스토아 철학자 중에는 에픽테토스(Epiktētos, 55?~135?) 같은 노예 출신에서 황제인 아우렐리우스(Marcus Aurelius, 121~180)까지 다양한 신분의 사람들이 고루 섞여 있다. 고대 사회 기준으로는 좀처럼 있기 힘든 일이었다.

실제로 철인(哲人) 황제라 불리는 아우렐리우스는
그의 유명한 《명상록》에서 이렇게 말한다.

모든 사람에게 똑같은 법이 적용되는
국가, 평등함과 언론의 자유를 보장하
는 국가, 무엇보다도 통치받는 사람들
의 자유를 제일 중시하는 군주 국가가
가장 좋은 나라다.

전장에서 틈틈이 쓴 것으로 전해지는 《명상록》은 스토아
철학을 대표하는 책이다. 사진은 로마 카피톨리니 박물관
의 아우렐리우스 동상. (ⓒJean-Pol GRANDMONT)

이로써 로마가 그토록 오랜 기간
동안 대제국으로 살아남을 수 있었던
이유가 설명되었다. 로마를 지탱한
근본 원인은 군사력도 부도 아니다. 그것은 모든 이들의 평등을 중요하
게 생각하고 의무를 명예로 아는 지극히 스토아 철학적인 정신에 있었
던 것이다.

승자의 논리가 못 되는 이유

영국의 역사가 에드워드 기번(Edward Gibbon, 1737~1794)은 이렇게
말했다. "만약 인류가 가장 행복했고 제일 번영했던 시기를 꼽으라고
한다면 누구나 주저하지 않고 도미티아누스(Domitianus, 51~96) 황제
의 죽음에서부터 코모두스(Commodus, 161~192) 황제의 즉위 전까지라

철학, 역사를 만나다

고 할 것이다." 학자들이 **'현제(賢帝)들의 세기'**라고 부르는 이 기간은 스토아 철학이 가장 융성했던 시대이기도 했으니, 이쯤 되면 스토아 철학이 얼마나 건강한 국가 철학인지를 알 수 있을 것이다.

그러나 스토아 철학은 '승자의 철학'이 되기에는 여러모로 부족한 데가 많았다. 승자는 부드럽고 남을 배려할 줄 알아야 하며 여유로워야 한다. 하지만 스토아 철학에 물든 아우렐리우스 황제 같은 지도자들은 '군인 정신'에서 여전히 벗어나지 못하고 있었다. 그네들에게 인생이란 신의 섭리에 따라가는 의무로, 감정은 오직 억제해야 할 '그릇된 것'일 뿐이었다.

아우렐리우스 시대에는 이민족의 침략이 잦아서 황제가 전쟁터에서 살다시피 했다는 점을 감안하더라도 스토아의 엄숙주의는 지나친 데가 있다. 사회 지도층의 엘리트주의가 너무 강하면 오히려 사회 통합을 해치기도 한다. 하층민이 따르기에는 사회적 윤리 잣대가 너무 높은 나머지, 하류층의 문화가 포기와 쾌락으로 흐르기 쉽기 때문이다. 권력자는 속성상 민중의 인기를 외면할 수 없는 법, 엘리트 층의 엄한 윤리 의식도 시간이 흘러가면 대중의 입맛에 맞추느라 서서히 썩어 갈 수밖에 없다. 실제로 스토아 철학의 절정기이자 로마가 최고로 강성했던 아우

현제들의 세기 도미티아누스(재위 81~96) 황제가 죽고 콤모두스(재위 180~192) 황제가 즉위하기 전까지, 네르바(재위 96~98)·트라야누스(재위 98~117)·하드리아누스(재위 117~138)·안토니우스(재위 138~161)·아우렐리우스(재위 161~180)의 다섯 황제가 로마를 다스렸는데, 이들을 '로마 5현제'라 부른다. 이들은 로마 제국 전성기에 잇달아 군림한 다섯 명의 훌륭한 황제로, 이 시기에는 정치와 경제가 모두 안정되어 제국의 최고 전성기를 이루었다.

아우구스투스는 로마 제국의 영토 확장, 조세 제도 개혁, 도시 재개발 등 다양한 업적을 남겼다. (©Till. niermann)

03 로마 제국을 지탱한 국가 철학의 힘

빵과 서커스 식량을 무상으로 공급하거나 검투사 시합 등의 볼거리를 이용하여 사회 불만 세력(주로 하층민들)을 달래는 우민(愚民) 통치 수단을 관용적으로 표현한 말이다.

팍스 로마나 라틴 어로 '로마의 평화'라는 뜻으로, 기원전 1세기 말 아우구스투스 시대부터 현제들의 세기까지 약 200년 동안 계속된 평화를 뜻한다.

렐리우스 통치 이후의 로마는 타락한 군중의 불만을 **빵과 서커스**로 달래느라 여념이 없었다. 로마에 의한 평화, **팍스 로마나**(Pax Romana)는 계층 간의 심각한 갈등 속에서 이렇게 점차 무너져 갔다.

이 점은 현대 미국도 마찬가지다. 지금 미국은 감히 대적할 만한 적이 없는 **팍스 아메리카나**(Pax Americana)를 맞이했지만, 그 사회는 지극히 도덕적인 상류 문화와 극도로 저질인 대중문화가 혼재되어 있는 상태다. 그뿐 아니라 로마가 이민족의 침략과 사회 갈등에 끊임없이 시달렸듯, 미국 역시 테러와 인종 갈등 앞에서 고전하고 있다. 이런 상황에서 깨어 있는 지도자들이라면 로마와 스토아 철학의 관계에서 세상을 헤쳐 갈 시사점을 찾을 수 있지 않을까?

 더 읽어 봅시다!

- 시오노 나나미의 《로마 인 이야기》
- 아우렐리우스의 《명상록》

우울증 치료제, 스토아 철학

인생이란 줄에 묶여 질질 끌려가는 개의 신세와 같다. 우리는 누구나 죽을 수밖에 없는 운명, 게다가 삶은 내 의지로는 어쩔 수 없는 고통과 불행으로 가득 차 있다. 이런 비관적인 생각이 가슴을 채우고 있다면, 스토아 철학자들의 책을 읽어 보라. 그중에서도 키케로(Marcus T. Cicero, 기원전 106~기원전 43)의 《노년에 대하여》는 인생무상에 허무해하는 사람들이 읽으면 딱 좋은 '철학 치료제'다.

키케로는 말한다. 인생이란 아무 쓸모없이 참고 견뎌야 하는 고통의 기간이 아니다. 포도주가 오래되었다고 모두 시어지지는 않듯이, 늙는다고 해서 모든 사람이 비참하고 황량해지지는 않는다. "대개 위대한 국가는 젊은이들 때문에 와해되고 노인들에 의해 회복되었다." 나이 듦을 서글퍼하지 말고 삶을 성찰하며 경륜을 쌓아라.

더구나 노년의 체력과 의욕 저하는 오히려 축복할 만한 일이다. 육체가 쇠약해진 만큼 몸에서 오는 강렬한 욕구로부터 자유로울 수 있기 때문이다. 노년에 소포클레스(Sophocles)는 성욕을 느끼지 못해서 아쉽냐는 질문에, "무슨 끔찍한 말을! 잔인하고 사나운 주인에게서 도망쳐 나온 것처럼 나는 이제 막 그것으로부터 빠져나왔는데!"라고 말하며 기뻐하지 않았는가?

이처럼 스토아 철학자들은 신산한 삶 속에서도 항상 그 뒷면에 있는 긍정적인 면을 보게 해 준다. 그들을 읽고 있으면 늘어진 근육에 힘이 불끈 솟으며 행복감으로 가슴이 벅차오를 터이다. 우울증에 시달리는 그대여, 스토아 철학과 친해져 보라.

04

도덕과 의리는
한(漢) 제국의 뿌리

공자와 동중서

자공이 물었다. "정치란 무엇입니까?" 공자께서 말씀하셨다.
"경제를 풍족히 하고, 안보를 튼튼히 하며, 백성들의 믿음을 얻는 것이다."
자공이 또 물었다. "부득이 버려야 한다면 셋 가운데 무엇을
제일 먼저 포기해야 합니까?" 공자께서 말씀하셨다.
"안보를 버려라." 자공이 다시 물었다.
"부득이 또 버려야 한다면, 둘 가운데 무엇을 포기해야 합니까?"
공자께서 말씀하셨다. "경제를 버려라! 예부터 죽음은 늘 있게 마련이지만
백성들이 믿어 주지 않으면 나라도 있을 수 없다."
– 《논어》 중에서

중국의 문화 코드, 유교

흔히 사람들은 미국 사회를 '끓는 솥(melting pot)'에 비유하곤 한다. 다양한 문화가 잡탕처럼 섞이는 가운데 미국적인 문화가 탄생한다는 의미일 것이다. 그러나 미국이 '끓는 솥 문화'의 원조는 아니다. 여러 민족과 문명이 뒤섞인 중국은 이미 수천 년 동안 끓고 또 끓는 솥이라 할 만하다. 역사가 짧은 미국이라는 솥에 담겨 있는 국은 아직도 '원재료의 맛'이 살아 있다면, 중국은 이미 푹 고아진 상태라고 할 수 있다.

그렇다면 뒤섞인 여러 요소들 가운데서도 중국 문명의 특징을 가장 잘 보여 주는 것은 무엇일까? 정신적 측면에서 찾으라면 단연 유교 사상을 들 수 있다. 유교는 중국뿐 아니라 동북아시아 국가들에서도 일상의 뿌리가 되는 사상이다. 우리는 인(仁)과 예(禮) 같은 복잡한 철학 개념은 모른다 해도 '인자하다', '경우 없다' 등등의 말을 통해 이미 유교 사상을 몸으로 자연스레 익혀 왔다. 이처럼 유교는 의식하지 않아도 동북아 사람 모두가 공유하고 있는 '문화적 공기'라 할 만하다.

물론 중국 사상에 유교만 있는 것은 아니다. 그런데도 왜 유교가 가장 대표적인 중국의 문화 코드로 남게 되었을까? 사실 유교는 수천 년 동안 다른 사상과 경쟁하면서 중국, 나아가 동북아 문화를 대표하는 사상으로 자리 잡았다. 그렇다면 유교는 어떤 과정을 거쳐 다른 학파와의 경쟁에서 승리할 수 있었을까?

춘추 전국의 혼란과 공자의 해법

처음부터 유교가 중국 문화의 '메이저'였던 것은 아니다. 유교도 처음에는 고만고만한 사상 유파(流波) 가운데 하나였을 뿐이다. 통일 왕조였던 주(周)나라가 무너지고 난 뒤, 중국에는 '태초의 혼란'이라 할 만한 시기가 찾아왔다. 이른바 **춘추 전국 시대(春秋戰國時代)**가 그것이다. 거대한 땅덩이는 수십 갈래로 갈라졌고 권력자들은 살아남기 위해 처절한 싸움을 벌였다.

시대가 혼란스러울수록 고뇌하는 지성인이 늘어나고 난세를 풀어 갈 해법을 제시하는 현인(賢人)도 많이 출현하는 법이다. 중국 역사상 가장 혼란했던

> **춘추 전국 시대** 고대 중국의 변혁기로, 주나라가 오랑캐의 침입을 받아 수도를 옮긴 기원전 770년에서, 진(秦)나라가 중국을 통일한 기원전 221년까지를 가리킨다. 이 시기는 한(韓)·위(魏)·조(趙)가 진(晉)나라를 세 등분해서 독립한 기원전 403년을 경계로 춘추 시대와 전국 시대로 구분된다.

이때, 지금까지도 '동양 철학의 별'로 여겨지고 있는 수많은 사상가들이 등장했다. 힘과 법률로 모든 일을 풀어 보려 했던 한비(韓非, 기원전 280?~기원전 233), 무조건적인 사랑만이 해결책이라고 말한 묵자(墨子, 기원전 480~기원전 390), 자연으로 돌아가라고 주장한 노자(老子, ?~?)와 장자(莊子, 기원전 365?~기원전 270?) 등 그야말로 만 명의 사람이 만

가지 답을 냈다는 **제자백가(諸子百家)**들의 백가쟁명(百家爭鳴, 많은 학자나 논객이 거리낌 없이 자유롭게 논쟁하는 일) 시대였던 것이다.

　그중 하나에 지나지 않았던 유교는 원래 유가(儒家)라 불렸다. 지금 '유(儒)'는 선비를 일컫는 말로 쓰이지만, 그 당시에는 제사나 예식을 담당하던 관리를 가리키는 말이었다. 요즘으로 치면 '의전(의식) 담당관' 정도가 아닐까 한다. 유가의 창시자인 공자

제자백가 중국 춘추 시대 말기부터 전국 시대, 곧 기원전 5세기부터 기원전 3세기 사이에 활동한 여러 학자·학파의 총칭. 음양가(陰陽家, 중국의 음양설을 신봉하는 학파)인 추연, 유가(儒家)인 공자·맹자·순자, 묵가(墨家)인 묵자, 법가(法家)인 한비, 명가(名家, 논리 학파)인 공손룡, 도가(道家)인 노자·장자, 병가(兵家)인 손자, 종횡가(縱橫家, 외교술파)인 소진·장의 등을 말한다.

(孔子, 기원전 551~기원전 479)도 대대로 '유(儒)'에 종사하던 가문 출신이었다. 그래서인지 공자는 어릴 때부터 제사에 쓰는 그릇 등을 가지고 놀았다고 한다. 그가 어려서부터 예법과 절도 등에 특히나 민감했음은 너무도 당연하다.

　나아가 공자는 예법 뒤에 숨어 있는 도덕의 본질을 깨달아 이를 실천하기 위해 애썼던 사람이다. 이른바 인(仁)과 예(禮)가 그것이다. 인이란 옳고 그름을 따져서 사람을 사랑함(愛人)을 의미한다. 자애롭지만 때로는 엄하게 꾸짖을 줄 아는 사람에게 우리는 '인자하다'고 말하는데, 이 가운데 인이라는 글자는 유가의 핵심을 잘 담고 있다. 또한 예는 남을 배려하며 자신의 위치와 주제를 잘 파악함을 말한다. 이 개념도 '예의를 지켜라.'라는 일상의 말 속에 잘 살아

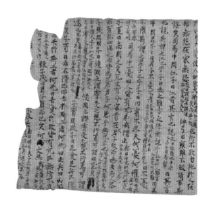

유교는 수천 년 동안 다른 사상과 경쟁하면서 동북아시아 문화를 대표하는 사상으로 자리 잡았다. 사진은 중국 모가오(莫高) 굴에서 출토된 논어의 일부.

있다.

공자는 예식 전문가답게 그 당시 혼란의 원인을 예가 무너진 데 있다고 진단했다. 웃어른이 권위 있고 예법이 살아 있는 집에서는 큰소리가 날 리 없다. 그러나 어른이 존경받지 못하고 법도가 사라진 집에서는 부모 자식 간에, 형제간에 싸움이 그치지 않는다. 사회도 마찬가지다. 웃어른이 진정한 권위를 되찾고 사람들이 다시 예를 갖추게 된다면 세상의 질서는 회복될 것이다.

그렇다면 어떻게 해야 무너진 법도와 권위를 다시 세울 수 있을까? 공자는 윽박지름과 폭력으로는 결코 예를 바로 세울 수 없다고 말한다. 진정한 존경은 마음에서 우러나오는 법, 윗사람이 먼저 솔선수범하여 인을 쌓고 예를 세운다면 아랫사람은 이를 흔쾌히 따를 것이다. 곧 사회 지도층부터 나서서 정의롭게 살며 덕(德)으로 다스리고 사랑으로 감싼다면, 갈등과 다툼은 사라지고 모두가 하나 되는〔大同〕 평온한 세상이 될 것이다.

유교는 마이너리티 리포트였다?

공자의 주장에 여러 실력자들은 고개를 끄덕이며 그를 높이 대우했다. 공자는 젊은 시절, 아들에게 예법을 가르쳐 달라는 노(魯)나라 권력자의 부탁을 받고, 예법이 가장 순수하게 보존되어 있다는 주나라의 수도 뤄양(洛陽)으로 갔다. 그는 단지 1년 정도 머물렀을 뿐인데, 노나라로 돌아올 때는 3000여 명의 제자가 따라붙었다고 한다. 그러니 그의 명성이 어느 정도였는지 짐작할 만하다.

　그러나 아무리 그렇다 해도 공자 사상은 지금의 도덕 과목 정도로밖에 대접받지 못했다. 중요하다는 점은 모두가 인정하지만 실제로는 하찮게 생각했다는 뜻이다. 도덕을 살리고 예절을 마음으로 받들자는 말에 토를 달 사람은 없다. 그러나 살아남기 위해 서로 멱살 잡고 싸우는 살벌한 현실에서 공자의 말은 '실천 매뉴얼'로는 전혀 쓸모가 없었다.

　그런데도 공자가 대접받았던 유일한 이유는 '권력자들의 장식품'으로는 요긴했다는 점에 있다. 아무리 악랄한 독재자라 해도 자신의 야만적인 모습이 그대로 보여지길 원하는 사람은 없다. 애써 각

공자는 자신의 뜻을 펼치기 위해 전국을 돌아다녔지만, 그의 말을 귀담아듣는 왕이 없어 고향으로 돌아가 제자들을 가르치다 생을 마감했다.

종 문화 행사와 자선 사업 등을 벌여 인자한 이미지로 포장하게 마련이다. 마찬가지로 공자는 권력자들에게 자신의 포악함을 감출 '문화 상품'으로 아주 가치가 있었다.

　따라서 공자는 정치에 실제로 참여하여 사랑이 넘쳐 나는 질서 잡힌 세상을 만들고 싶어 했지만, 어떤 권력자도 그에게 기회를 주지 않았다. 그는 자신의 한탄대로 '먹지 못하는 조롱박'일 뿐이었다. 정의롭고 지당한 이야기지만 세상살이에서는 쓸모없다고 여겨져 후 순위로 밀려나는 도덕 윤리의 현실은 공자 시대라 해서 다를 바 없었다. 이처럼 유가의 '도덕군자 같은 외침'은 받아들여지기 힘든 소수자의 목소리, 곧 마이너리티 리포트(minority report)에 지나지 않았다.

04 도덕과 의리는 한(漢) 제국의 뿌리

새로운 통치 이념을 꿈꾸다

역시 현실에서는 강자만이 살아남는 법이다. 춘추 전국의 혼란에서 승리를 거둔 쪽은 강력한 군사력과 엄한 법을 강조하는 법가였다. 법가 사상을 바탕으로 나라의 기틀을 다진 진(秦)나라는 마침내 천하를 통일했다. 진나라 시황제(始皇帝, 기원전 259~기원전 210)는 통일이 되자 국가의 혼란을 잠재우기 위해 법가 외의 모든 사상 관련 서적을 불태우고 학자들을 산 채로 파묻는 '분서갱유(焚書坑儒)'를 단행했다. 그러나 그토록 무시무시한 절대 권력을 휘두르던 진나라는 20년도 지나지 않아 멸망해 버리고 말았다. 전쟁보다 더한 억압과 폭력을 백성들은 견뎌 낼 수 없었던 것이다.

진나라의 승상인 이사는 강력한 통제 정책에 반대하는 이들을 억압하는 수단으로 실용 서적을 제외한 모든 서적을 불태우자고 주장했다. 그림은 18세기에 그려진 분서갱유 상상도.

그 뒤 다시 혼란이 찾아왔고, 세상은 항우(項羽, 기원전 232~기원전 202)의 초(楚)나라와 유방(劉邦, 기원전 247?~기원전 195)의 한(漢)나라로 나뉘어 격렬한 싸움을 벌였다. 이번에 승리를 거둔 쪽은 산도 뽑을 만한 괴력을 지닌 사나이 항우가 아니라 소탈함과 편안함으로 사람들의 마음을 사로잡은 유방이었다.

새로운 권력이 등장할 때 제일 먼저 하는 일은 이전의 통치자들

철학, 역사를 만나다

과 자신이 얼마나 다른지를 보여 주는 것이다. 그렇다면 무한 폭력을 행사하던 진나라에 질린 사람들에게 한나라는 어떤 통치 원리를 내세워야 했을까? 당연히 '평화와 관용'일 터였다.

그러나 한 고조(高祖) 유방에게는 '사람들이 알아서 기게 만드는' 카리스마가 없었다. 유방은 평민 출신이었다. 특유의 털털함으로 사람들의 마음을 샀지만 그게 단점이 되기도 했다. 기록에 따르면, 유방은 학자의 모자에 오줌을 싸며 모욕을 주기도 하고, 술에 취해 애꿎은 기둥에 칼질을 해 대기도 했다고 한다. 한마디로 두목쯤이면 몰라도 군주로서는 영 마뜩잖은 인물이었다.

그 당시 사람들의 마음을 사로잡았던 학파는 황로(黃老) 사상이었다. 황로 학파의 핵심은 흔히 청정무위(淸靜無爲)라는 말로 요약된다. 이는 한마디로 'Let it be!', 내버려 두라는 뜻이다. '억지로 무엇을 하려 하지 말고 마음 가는 대로 움직이고 쓸데없이 간섭하지 마라.'고 이야기하는 황로 사상은 진나라의 엄격한 통치에 잔뜩 주눅 들었던 사람들에게는 엄청난 호응을 얻었다.

그러나 황로 사상은 숲속에 숨어서 옹기종기 사는 이들한테는 좋을지 몰라도 거대한 국가를 이끄는 이념이 될 수는 없었다. '강제도 의무도 없는 국가가 가능할까?'라는 문제 앞에서 황로 사상은 별다른 현실적인 답을 내지 못했다.

무력보다는 문치를!

이런 상황에서 공자의 사상은 화려하게 주목받기 시작했다. 한나라 초기의 사상가 육가(陸賈, ?~?, 한 고조를 섬겨 많은 외교적 교섭 임무를 수행했음)는 여전히 풍운아 기질을 못 버린 유방에게 따끔한 충고를 던졌다.

"어떻게 말 위에서 천하를 안정시키겠습니까?"

무력은 싸움할 때는 요긴한 수단이지만 평화로울 때는 애물단지일 뿐이다. 사회를 유지하려면 힘깨나 쓰는 사람보다 머리와 수단을 가진 사람이 필요하다. 거기다 백성들의 삶을 올곧게 잡아 주고 문화를 풍요롭게 만드는 사상이 있어야 한다. '무력보다는 문치(文治)를!' 한나라 초기의 시대적 요구는 이랬다.

이런 상황에서 공자의 가르침은 둘도 없이 적당한 사상이었다. 공자는 폭력을 혐오했다. 사랑(인)과 분수에 맞는 처신(예)을 강조하여 알아서 윗사람을 존경하고 스스로의 처지에 만족하게 하는 유가의 주장은, 겁먹은 민중의 마음을 어루만져 줄 뿐만 아니라 자발적 복종을 유도하는 효과가 있었다.

결국 공자의 사상은 4대가 흘러 한(漢) 무제(武帝, 기원전 156~기원전 87, 제7대 황제로 한나라의 권위를 크게 높이고 중국의 영향력을 해외로 확대했음) 때에 이르러서 '국가 철학'으로 자리를 잡았다. 그것은 동중서(董仲舒, 기원전 176?~기원전 104?)라는 걸출한 학자의 손에 의해 가능했다.

동중서는 먼저 공자를 통일 제국을 이끌 '문치 프로그램'의 창시자로 끌어올렸다. 공자는 혼란기 '무관(無冠)의 제왕(왕관 없는 제왕)'으로, 진정 사랑이 가득 찬 세상을 이끌 성군(聖君)이었다. 하지만 그에게는 뜻대로 시대를 바꿀 만한 권력이 없었다. 이제 한나라는 공자가 만든 통치 프로그램대로 세상을 이끌 유일한 제국이므로, 공자의 사상이 존경스럽다면 한 제국에게도 복종해야 한다.

나아가 그는 황제의 위치를 '하늘의 아들[天子]'로 높였다. 그러고는 하늘의 영원한 뜻을 받들어 백성과 자연을 조화롭게 하는 게 황제의 역할이니, 그에게 감히 반항해서는 안 된다고 주장했다. 반면 통치자는 하늘에 떠 있는 태양과 같아서 한없이 자애로워야 하며, 사사로이 백성들의 자

동중서의 강력한 주장으로 한 무제는 공자의 유교 사상을 국가 통치 이념으로 채택했다. 그림은 한 무제의 모습.

잘한 일에 개입해서는 안 된다. 군주는 인품과 도덕으로 백성을 이끌되 돈이나 이익에 초연해야 한다는 것이다.

이로써 권력과 백성의 삶은 제자리를 찾았다. '서로에게 간섭하지 않고도 조화를 이루며, 강제하지 않아도 우러나오는 존경심으로 자발적으로 복종하게 하라.' 동중서는 이처럼 시대가 진정 요구하는 '통치의 황금률'을 세웠던 것이다.

'비즈니스' 앞에 선 유교의 앞날은?

역사 교과서에는 "한 무제 때 동중서가 유학을 국교화했다."는 말이 나온다. 실제로 무제가 통치했던 기간은 중국의 긴 역사 안에서 유교

04 도덕과 의리는 한(漢) 제국의 뿌리

가 메이저급 철학으로 떠오르게 된 '주요 승부처'였다. 그 뒤 거의 모든 왕조는 유학의 이념을 바탕에 깔게 되었고 2000년이 넘는 세월 속에서 공자의 가르침은 자연스레 생활 곳곳에 침투하여 오늘에 이르고 있다.

그러나 절대 강자는 항상 절대 약점도 갖게 마련이다. 유교는 역사적으로 검증된 효율적인 '사회 안정 시스템'이었지만 그만큼 폐해도 많았다. 실무적인 능력보다 인품과 조화를 강조하는 관료적인 분위기, 돈을 천하게 여기고 실용적인 관심을 부끄럽게 생각하는 관행 등도 모두 유교에서 나왔다.

'비즈니스형 통치자'는 선거철이면 항상 등장하는 구호다. 그만큼 이 시대는 지도자에게 실무 경영자로서의 탁월한 능력을 요구한다. 인품으로 사람들의 존경을 이끌어 내고, 알아서 사회를 움직이게 한다는 유교의 군자(君子) 개념은 2500여 년 동안 이어져 내려온 동양의 전통적인 군주상이다. 그러나 우리 시대는 '임금'에게 장사치가 될 것을 요구하고 있다. 이런 거센 변화의 물결 앞에 동북아시아의 '문화 코드'인 유교는 과연 어떻게 대처해 나갈까? 흥미로운 일이 아닐 수 없다.

 더 읽어 봅시다!

- 공자의 《논어》
- 신정근의 《동중서: 중화주의 개막》

사상 속으로

순자는 유가의 이단자?

　종교나 사상에는 항상 주류에 맞서는 이단(異端)이 있는 법이다. 공자 제자 중에 '주류'는 단연 맹자(孟子, 기원전 372~기원전 289)다. '공맹(孔孟) 사상'이라는 단어가 자연스럽게 느껴질 정도로, 맹자의 공자 해석은 역사 속에서 정통으로 인정받아 왔다.

　반면, 순자(荀子, 기원전 298?~기원전 238?)는 이단자에 가까운 취급을 받아 왔다. 순자는 여느 유가 철학자들과는 달리 인간의 본성을 악하다고 보았기 때문이다. 더구나 그는 '하늘은 사람이 춥다고 해서 추위를 거두지 않으니' 험한 세상 제대로 살려면 '나무를 먹줄로 그은 직선에 맞추어 깎듯' 인간 본성을 예의에 맞게 끊임없이 다잡아 나가야 한다고 말했다. 사실 순자와 맹자의 차이는 닭이 먼저냐 달걀이 먼저냐 하는 논쟁과 비슷한 데가 있다. 도덕이 먼저 자리 잡은 뒤라야 법질서가 올곧게 살 수 있다고 주장한 게 맹자라면, 법으로 엄정하게 다스려야 도덕이 제대로 자리 잡을 수 있다는 게 순자의 생각이었다.

　만약 순자가 유가의 주류로 자리 잡았으면 어떻게 되었을까? 아마도 인품과 덕망을 강조하기보다는 법과 질서에 대한 존중 쪽으로 유가의 무게중심이 더 쏠렸을 것이다. 그러나 법을 강조했던 정치가치고 독재의 유혹에 빠지지 않았던 이는 드물다. 순자의 사상은 한비 등 법가 사상가들에게 큰 영향을 끼쳤다. 하지만 이들에게선 유가 본래의 목적인 도덕은 사라지고 엄정한 법만 남았다. 법가의 나라 진(秦) 제국을 무너뜨린 한(漢)이 공맹의 손을 들어 준 순간, 순자는 유가의 이단자 그룹으로 쓸쓸하게 전락해 버렸다. 이처럼 정치에서의 성패는 사상의 흥망과도 밀접하게 연관되어 있다.

05

은둔의 철학인가,
통치의 철학인가

노자

"세상에 도(道)가 통할 때는 잘 달리는 말도 밭갈이에 쓰이지만,
도가 없으면 새끼 밴 말들도 전쟁터에 끌려 나간다."

– 노자의 《도덕경》 중에서

전쟁과 함께 시작된 위대한 철학

인류 문명은 전쟁을 거치면서 발전했다. 비행기와 자동차가 일반화
된 것은 제1차 세계대전 때 군사용으로 널리 쓰이고 나서부터이며, 인
터넷도 원래는 미국 국방성의 연락 체계로 개발된 것이었다. 이보다 훨
씬 이전에도 큰 전쟁이 한번 일어나면 획기적인 발명품들이 속속 탄생
했다. 전쟁은 죽느냐 사느냐의 게임이다. 사람들은 그야말로 '목숨 걸
고' 살 방도를 찾게 마련이고, 그 가운데서 평화로울 때는 꿈도 못 꿨던
엄청난 발전이 이루어지곤 했다.

이 점은 철학에서도 마찬가지다. 역사의 한 획을 긋는 위대한 사상은
보통 혼란한 시기에 생겨났다. 중국 역사에서 가장 활발하게 철학 논의
가 이루어졌던 시대는 대륙 전체가 갈라져 싸웠던 춘추 전국 시대다.
이 혼란기에 유가 · 법가 · 묵가 · 도가 등 수많은 학파가 생겨나 목소리
를 높였다. 이른바 백가쟁명 시대였던 것이다.

이들이 주장했던 것은 결국 전란 속에서 살아남기 위한 방법이었다.
생존을 건 싸움의 해법이니만큼 절실하고 치밀할 수밖에 없었다. 어찌

나 삶의 정곡을 정확히 찌르며 정교한 논변을 폈던지, 이 시대에 생겨난 학파들은 지금까지도 동양 문명을 지탱하는 사상의 기초가 되고 있을 정도다. 유교가 우리 사회의 바탕을 이루는 문화로 '자연스럽게' 존재하고 있듯이 말이다.

최고의 선은 흐르는 물과 같다

우리가 살펴볼 노자 사상도 이 시대에 뿌리내린 철학이다. 백가쟁명 시대에 탄생한 사상 가운데 중국 역사상 가장 영향력이 컸던 사상이라면 공자가 창시한 유가와 노자에서 비롯된 도가를 들 수 있을 것이다. 그런데 이 둘의 성격은 라이벌이라 할 만큼 다르다.

유가는 원래부터 지배층의 사상이었다. 지금도 유학자라 하면 우리

노자 철학의 핵심인 '도'는 자연스럽게, 순리대로 사는 것과 같다. 그림은 중국 전설 시대의 황제(黃帝)가 쿵통(崆峒)산에서 전설의 선인 광성자(廣成子)에게 도에 관해 묻는 모습. (석예, 〈헌원문도도(軒轅問道圖)〉)

는 흔히 대궐 같은 집에서 팔자걸음을 걷는 선비를 떠올린다. 반면, 도가는 민중의 사상이라 할 만하다. 도교(道敎)로 세속화된 도가의 사상은 지금은 우리 생활 속에서 뒷골목에 자리 잡고 있는 점(占)집 문화로 남아 있다.

하지만 원래 노자 사상은 지극히 '자연 친화적'이었다. 전통 농경 사회를 떠올려 보자. 자신이 태어난 마을에서 살다가 죽는 사람이 대부분이었던 그 시절만 해도, 동리 사람들 모두가 친척이거나 오랫동안 알고 지내는 이웃이라 법이 그다지 필요하지 않았다. 사람들 사이의 문제는 조상 대대로 해 왔던 것처럼 '도리'에 맞게 조정하고 해결하는 것으로 충분했다. 특별한 사건이 없는 한, 사람들의 생활은 봄이 되면 씨 뿌리고 여름이 오면 김을 매고 가을이면 거두는 식으로 자연에 따라 물 흐르듯 흘러갔다.

노자 철학의 핵심인 '도(道)'도 이런 자연스러운 생활 방식과 다르지

않다. 도는 곧 자연의 길이라 해도 좋을 것 같다. 봄이 가면 여름이 오고, 새는 하늘을 날고 물고기는 바다를 헤엄치듯이 자연은 가만히 놔두면 원래 주어진 길을 따라 움직이게 되어 있다.

이는 인간에게도 마찬가지다. 억지로 자연을 거스르려 하지 않고 순리대로 산다면 모든 일이 순조로울 수밖에 없다. 조그만 시골 마을에서 욕심 부리지 않고 이웃과 오순도순 산다면, 삶은 우주가 그렇듯 조화롭게 흘러갈 것이다. 덕(德)이 있는 사람이란 이렇듯 자연의 길, 곧 도에 따라 사는 사람을 말한다. '최고의 선은 흐르는 물과 같고〔上善若水〕, …… 억지로 하지 말고 흘러가듯 살라〔無爲自然〕.'는 노자의 가르침은 태고(太古)의 평화로웠던 시골 마을의 정서를 그대로 담고 있다.

그러나 혼란한 시대는 평온한 마을을 가만 놔두지 않았다. 다른 나라와 싸우려면 군사와 물자가 필요한 법, 국가는 시골 마을의 젊은이들을 잡아가고 세금을 거두기 시작했다. '보호'해 준다는 명분을 내세웠지만 사실 그들은 깡패에 지나지 않았다. 국가 자체가 없었다면 애초에 이런 일은 일어나지도 않았을 것이기 때문이다. 거기다 국가는 군사 요지라는 이유로 개인의 땅을 빼앗아 사람들을 억지로 끌어다가 요새를 만들었다. 행복한 삶의 터전을 빼앗기고 척박한 땅에서 기구한 삶을 살아야 했던 이들을 떠올린다면, 무위자연의 가르침이 그 당시 사람들에게 어떻게 다가갔을지 느끼고도 남을 일이다.

노자가 '나라는 작고 백성은 적은 소국〔小國寡民〕' 상태를 가장 이상적인 세상의 모습이라고 본 것도 이런 맥락에서다. 노자가 살았던 것으로 추측되는 주나라 시기의 마을〔里〕이란 '폭과 넓이가 300걸음 정도에 스물다섯 남짓의 가구가 모여 사는 곳'을 말했다. 노자가 말하는 '국

(國)'은 이런 자연 취락을 의미했던 것이다.

은둔의 철학에서 통치의 철학으로

재미있는 점은 노자의 철학이 농민뿐 아니라 그 당시 지배층에게도 설득력이 있었다는 사실이다. 1973년, 중국 후난(湖南) 성 창사(長紗)에서는 '마왕두이(馬王堆)'라는 무덤이 발굴되었다. 무덤의 주인은 한(漢)나라 초기의 대후(大候)로, 지금으로 치면 도지사 정도 되는 인물이었다. 그런데 여기서 비단에 적힌 노자의 《도덕경(道德經)》이 함께 발견되었다(학자들은 이때 발견된 《도덕경》을 '백서본(帛書本)'이라고 한다). 우리는 이를 통해 도지사의 무덤에 같이 묻힐 정도로 노자의 가르침이 그 당시 지도층에게도 호소력이 있었다는 사실을 짐작할 수 있다.

이 《도덕경》은 〈도경〉과 〈덕경〉의 순서로 되어 있는 지금의 판본과 달리 〈덕경〉, 〈도경〉의 차례로 되어 있다는 점도 흥미롭다. '도와 덕'의 순서라면 자연의 도를 알아서 덕스러운 사람이 된다는 의미지만, '덕과 도'의 차례라면 덕스러운 사람(지배자)이 자연의 도를 이룬다는 뜻이 된다. 한마디로 《도덕경》은 그 당시 지배층들에게 정치 실전 가이드처럼 여겨졌던 것으로 보인다. 실제로 《도덕경》 내용의 상당수는 통치술과 군사학에 관한 것이다. 백서본이 발견되기 전까지 학자들은 이 내용

노자의 사상은 농민뿐 아니라 그 당시 지배층에게도 많은 가르침을 주었다. 사진은 마왕두이에서 발견된 《도덕경》의 일부.

05 은둔의 철학인가, 통치의 철학인가

들이 군사 서적에서 잘못 흘러 들어왔을 것이라 추측하곤 했다.

그런데 이 책은 그 당시 지배층뿐 아니라 지금의 정치가들에게도 많은 가르침을 준다. 그 속에 담겨 있는 노자의 정치 철학은 지금 보아도 신선하게 느껴질 정도다. 노자의 말을 직접 들어 보자.

가장 좋은 것은 백성들이 통치자가 있다는 사실만을 아는 것이고, 그 다음은 통치자를 가깝게 여기는 것이고, 그 다음은 통치자를 두려워하는 것이다. …… (통치자는) 공을 세우고 일을 이루지만 백성들은 모두 자신이 한 일이라 말한다.

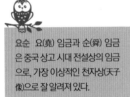

요순 요(堯) 임금과 순(舜) 임금은 중국 상고 시대 전설상의 임금으로, 가장 이상적인 천자상(天子像)으로 잘 알려져 있다.

잘사는 나라일수록 국민들은 정치에 관심이 없다. 태평성대였다는 요순시대에도 그랬다. 그 당시 사람들은 임금이 누군지조차 몰랐다고 한다. 이와 마찬가지로, 노자도 정치가들에게 백성들이 통치자가 있다는 것조차 잊어버릴 정도로 자연스럽고 부드럽게 다스리라고 충고한다. '억지로 하지 않는다.'는 무위자연의 가르침은 이런 식의 통치 철학으로 거듭난다. 입만 열면 나라가 시끄러워지는 지금의 우리 정치가들을 보면, 노자의 가르침에 저절로 고개가 끄덕여질 것이다.

아무것도 하지 않음으로써 모든 것을 하라

거기다 그는 그 당시에 벌써 '분배 원리'까지 마음에 두고 있었다. 그가 생각하기에 '백성들의 삶이 고달픈 것은 위정자(爲政者, 정치하는 사람)들이 인정사정없이 세금을 긁어모으기 때문'이었다. 그리고 계속 이 상태로 가다가는, 민중이 들고일어나 '죽음을 두려워하지 않고 달려들게 되어 몇 명을 죽이더라도 결코 다스릴 수 없는' 지경에 이를 수도 있다고 생각했다. 따라서 노자는 통치자들에게 나누고 베풀 것을 강조했다. 자신을 낮추고 베풀어 백성들이 스스로 따르게 만들라는 뜻이다.

> 하늘의 도리는 여유가 있는 것은 덜고 부족한 것은 더해 준다. 사람의 도리는 그렇지 않아서 부족한 데서 덜어서 여유 있는 쪽에 더한다. …… 그러나 오직 도를 이룬 사람은 여유 있음에도 (덜어 내어) 하늘의 도리를 따른다. 성인(聖人)은 무엇을 하든 소유하지 않고 …… 자신의 뛰어남을 드러내려 하지 않는 법이다.

그 시대 나라들의 최대 과제는 백성의 수를 늘리는 것이었다. 노동력과 군사력을 사람 수에 기댈 수밖에 없는 시절이었지만 아이를 낳는 것만으로는 인구를 늘리는 데 한계가 있었다. 그토록 전쟁이 많이 일어난 이유도, 따지고 보면 더 많은 노동력과 농토를 확보하기 위해서라고 할 수 있다.

그런데 인구를 늘리기 위해서는 어떻게 하는 것이 제일 좋을까? 그 당시 '주류 학파'였던 법가 이론가들은 법을 엄격히 하고 통제를 강화하

전설에 따르면 노자는 물소를 타고 주나라를 떠났다고 한다.

05 은둔의 철학인가, 통치의 철학인가

여 유민(流民, 고향을 떠나 낯선 땅을 떠돌아다니는 백성)을 막아 보려 했다. 그러나 전쟁으로 착취당하고 생활 터전을 잃은 사람들에게 법이 먹혀들 리 없었다. 이에 노자는 전혀 새로운 통치 방법을 제시했다.

"아무것도 하지 않음으로써 모든 것을 하라[爲無爲]." 통제와 착취가 적은 곳에는 백성들이 모여들고, 충분한 자유가 주어지면 자율이 지배하는 법이다. 현대 민주주의의 뿌리라 할 수 있는 '자발성'의 진리를 노자는 이미 그 시대에 설파했던 것이다.

21세기에 부활한 노자

그러나 역사상 노자의 사상은 항상 마이너(minor) 철학이었다. 동양 사회에서 메이저(major)는 당연히 공자의 가르침, '유가'였다. 한 무제 시대는 이 둘의 승패가 갈린 지점이라고 할 수 있다.

한나라를 황제가 중심이 된 강력한 중앙 집권 국가, 제국(帝國)으로 만들려 했던 무제는 유학(儒學)을 국교로 삼았다. 공자는 나라를 가정과 같다고 생각했다. 백성은 아버지를 따르듯 임금을 따라야 하고, 임금은 자식을 돌보듯 백성을 돌보아야 한다는 뜻이다. 이때부터 임금은 아버지와 동등한 지위에 있는 강력한 지도자로 변해 가기 시작했다.

하지만 지방 귀족들이 이런 임금의 '독재 음모(?)'를 고분고분 받아들일 리 없었다. 유가에 대항하는 그네들의 사상적 배경은 노자에 뿌리를 두고 있는 황로 학파였다. 이들은 '아무것도 하지 않음으로써 모든 것을 한다.'는 노자의 주장을 좇아, 임금은 억지로 나서려 하지 말고 귀족들의 지배를 그대로 내버려 두어야 한다는 주장을 폈다. 그러나 역사는 강력한 중앙 집권 군주였던 무제의 손을 들어 주었다. 이때부터 노자의 사상은 장자의 가르침과 섞여 노장(老莊) 철학, 도가라는 이름으로 마이너들의 삶 속에 철학으로 흘러들었다.

그러나 역사는 돌고 돌게 마련이다. 동북아시아의 주류 사상이었던 유가는 이제 학자들 사이에서 '바이러스' 수준의 취급을 종종 받곤 한다. 유가 특유의 위계 강조와 경직된 도덕 윤리가 역사 발전을 가로막고 정체를 가져왔다는 논리에서다. 반대로 노장의 가르침은 지금 동서양을 막론하고 큰 인기를 끌고 있다.

과거 2500년의 인류 역사가 자연을 개척하며 문명을 억지로 끌고 가는 인위(人爲)의 역사였다면, 새로운 시대는 자연을 따라가는 '친환경적인' 문명을 요청하고 있다. 선진화된 국가일수록 강제가 먹히지 않고 시민의 자발성을 존중하는 현상, 근엄한 조직의 논리보다 소규모의 인간적인 커뮤니티(community)가 사람들 사이에서 인기를 끄는 모습 등은 노자가 꿈꾸었던 무위자연, 소국과민의 이상과 크게 다르지 않다. 부디 노자의 자연스러움이 억지 주장으로 물든 이 세상을 '부드럽게 흐르는 물처럼' 바꾸어 주었으면 하는 희망을 가져 본다.

 더 읽어 봅시다!

- 노자의 《도덕경》
- 강신주의 《강신주의 노자 혹은 장자》

노자는 도사일까?

도가의 창시자 격인 노자에 대해서는 알려진 사실이 거의 없다. '도를 닦는다'는 말의 어감 때문에 우리는 노자를 '도술을 부리는 기인'으로 인식하는 경우가 많다. 중국 역사서 중 가장 권위 있다는 사마천의 《사기(史記)》에서도 노자란 인물에 대해 "아마도 이런 사람일 것이다."라고 머뭇거리고 있을 뿐이다.

노자에 대한 가장 권위 있는 해석들을 모아 그의 생애를 재구성해 보면 다음과 같다. 먼저, 노자는 공자와 같은 시대를 살았던 사람이다. 그리고 나이는 공자보다 쉰 살 정도 더 많았던 듯싶다. 《사기》에 보면 공자가 노자에게 '예(禮)'에 대해 묻는 대목이 나오는데, 노자의 말투는 완전히 백발노인이 신출내기 젊은이를 타이르는 투다.

> "군자(君子)는 아름다운 덕을 지녔지만 겉으로는 어리석어 보인다고 들었소. 부디 당신의 교만과 욕망, 위선과 야심을 버리시오. …… 내가 그대에게 해 줄 말은 이것뿐이오."

공자가 굳이 노자를 찾아가 예를 갖출 정도였다면, 노자는 당대에 유명한 '원로급 석학'이 아니었을까 하는 추측이 충분히 가능하겠다.

더욱이 그는 상당한 고위직 관료였다. 권위 있는 문헌들은 노자를 '주나라의 서고를 관리하던 벼슬아치[周守藏室之史]'로 기록하고 있다. 고대 중국에서 관직은 원래 무(巫)와 사(史)밖에 없었다. '무'란 제사를 담당하던 무당을 말한다. 그리고 '사'란 역사를 담당하던 관리로, 그의 직책은 도서관장, 정무원장, 대통령 비서실, 감사원 등 어지간한 정부의 권력을 모두 쥐고 있는 것과 마찬가지였다. 따라서 노자의 이미지는 '은둔하는 도사'라기보다는 오히려 '출세 가도를 달리다가 회의를 느껴 은둔 끝에 세상의 이치를 깨달은 사나이' 쪽이 가까운 듯싶다. 노자 철학의 상당 부분이 '통치술'로 읽힐 수 있는 이유도 그의 사회 경력과 무관하지 않다.

06

춘추 전국의 혼란을
잠재우다

상앙과 한비

"내가 하·은·주 삼대를 예로 들어 군주의 도를 설득하였지만,
주군은 조급하기만 했다. '그건 너무 멀어서 기다릴 수 없소.
현명한 군주는 자기 대에서 이름을 떨치기를 원한다오. '
어떻게 훌륭한 왕으로 이름을 날릴 때까지 수천 년을 기다리란 말이오?'
그래서 내가 강국지술(康國之術), 즉 부국강병의 방법을 아뢰었더니
그때서야 주군이 크게 기뻐하시었다."
– 사마천의 《사기》, 〈성군열전〉 중 상앙이 발탁된 이유를 설명하는 대목

개발 독재의 유혹

우리 사회가 민주화된 지 꽤 오랜 시간이 흘렀는데도, 어느 순간 생겨난 '스파르타식 학원'들의 인기는 사그라질 기미가 안 보인다. 이런 학원들은 규율이 엄하기로 유명하다. 학생들의 생활이 조금만 흐트러져도 기합을 주기 일쑤고, 심지어는 때리기까지 한다. 민주 국가에서 돈 주고 매 맞으며 배우는 이 희한한 광경은 단연 해외 토픽감이다.

그러나 사람에게는 누구나 조금씩 강력한 질서와 규율을 바라는 마음이 있다. 특히 목표가 분명한데도 느슨한 생활 속에서 허우적거리고 있을 때는 더욱 그렇다. 무섭기로 소문난 선생님이 담임이 되면 걱정만큼이나 기대하게 되는 까닭도 여기에 있다.

우리 주변에는 1960~1970년대에 온 국민을 '군인 정신'으로 몰아붙였던 '박정희식 개발 독재' 시대를 그리워하는 사람들이 꽤 많다. 독재자라는 비난은 피할 수 없지만, 그의 무지막지한 추진력이 최빈국이었던 우리나라가 경제 대국으로 커 나가는 데 발판이 되었다는 점을 무시하기는 어렵다.

중국 대륙이 산산이 쪼개져 먹고 먹히는 싸움을 벌이던 춘추 전국 시대의 난세를 '법'으로 평정한 법가 사상가들을 '개발 독재' 숭배자라 불러도 좋을 듯싶다. 혼란의 시대를 온몸으로 겪고 있던 그들에게 먹고사는 문제만큼 시급한 과제는 없었다. 당연히 그들은 인이니 도덕이니 하는 고상한 말들을 믿지 않았다. 부국강병(富國强兵)을 위해서라면 수단과 방법을 가릴 필요가 없다고 주장한 법가 사상가들은 '경제 · 군사 우선, 인권 뒷전'이라는 근대 개발 독재 모델의 원형이라 할 만하다.

형벌로 형벌을 없애다

법가의 성공 사례로는 무엇보다 진나라를 꼽을 수 있다. 진나라는 원래 대륙 서북쪽에 처박혀 있던 작은 나라에 지나지 않았다. 그러던 진나라가 천하를 통일한 제국으로 크게 성장한 데는 상앙(商鞅, 기원전 390?~기원전 338, 본명은 공손앙)의 공이 컸다.

상앙은 원래 진나라 사람이 아니었다. 진나라 효공(孝公, 기원전 381~기원전 338)이 초현령(招賢令)을 거쳐 발굴한 인재로, 위(衛)나라 사람이었다. 초현령이란 국가를 이끌 인물을 선발하기 위한 일종의 '국제 인재 공모전'이라 보면 될 듯하다. 그는 법가 특유의 과감한 정책으로 효공의 마음을 사로잡았다.

법가라는 말 자체에서 느낄 수 있듯, 법가 사상가들은 하나같이 '엄격한 법 적용'을 강조했다. '이목지신(移木之信)'이란 사자성어로 알려진 다음 일화는 상앙의 특징을 잘 보여 준다.

법가 사상을 바탕으로 나라의 기틀을 다진 진나라는 마침내 천하를 통일했지만, 곧 멸망하고 말았다. 사진은 진시황릉 병마용 갱의 모습.

상앙은 10미터 남짓한 나무 하나를 도성 남문 앞에 세워 두고 공고를 붙였다. "이 나무를 북문까지 옮기는 사람에게는 10금(金)을 주겠다." 처음에 사람들은 이를 '만우절 농담' 정도로 여겼다. 하긴 나무 하나를 잠깐 옮기는데 10금을 주겠다면 과연 누가 믿겠는가?

나무를 옮기는 자가 아무도 없자 상앙은 상금을 올렸다. "나무를 옮기는 사람에게는 50금을 주겠다." 밑져야 본전이라는 생각에 한 사람이 나서서 나무를 옮겼다. 그러자 상앙은 두말없이 그에게 상금을 주었다.

이는 공표된 법령은 반드시 지킨다는 국가의 신념을 보여 주기 위한 상앙의 '이벤트'였던 셈이다. 그는 벌에 있어서도 누구에게도 예외를 두지 않았다. 심지어 앞으로 황제가 될 태자(太子)가 법을 어기자, 그

철학, 역사를 만나다

스승에게 경(黥)을 쳐 버렸다. 경이란 얼굴에 문신을 새기는 형벌을 말한다. 그런데도 태자가 또다시 잘못을 저지르자, 이번에는 스승의 코를 베어 버렸다.

그의 법에는 예외도 관용도 없어서, 그는 이른바 경죄 중벌(輕罪重罰)의 원칙에 따라 사소한 일에도 무거운 형벌을 내렸다. 상앙은 "형벌이 결국 형벌을 없앤다."는 강한 믿음을 지니고 있었다. 법이 엄하면 감히 어길 엄두를 못 내게 되어 범죄율이 크게 떨어진다고 생각했던 것이다.

실제로 사마천(司馬遷, 기원전 145?~기원전 86?)이 지은 《사기》에 따르면, 상앙이 집권한 지 10년도 안 되어 진나라는 "도적이 사라졌을 뿐더러 땅에 물건이 떨어져 있어도 주워 가는 사람이 없을 정도"로 안정되었다고 한다. 결국 그의 말대로 형벌로 형벌을 없애는 상황이 이루어진 것이다.

> **사기** 한(漢)나라의 사마천이 편찬한 기전체(紀傳體) 역사서. 중국 고대의 전설적인 제왕에서 한 나라 무제에 이르는, 역대 왕조의 제왕들에 대한 이야기를 다룬 '기(紀)'와, 각 시대를 풍미했던 다양한 인물들에 대한 기록인 '전(傳)', 황제를 떠받드는 여러 제후국의 역사를 다룬 '세가(世家)' 등으로 이루어져 있다. 기의 경우에는 본기(本紀), 전의 경우에는 열전(列傳)이라 부르기도 한다.

일하지 않는 자는 먹지도 마라

그러나 부국강병은 엄격한 법만으로 이루어지지 않는다. 상앙은 온 국민이 농사와 전투, 이 두 가지에만 몰두한다면 나라는 부강해질 수밖에 없다고 생각했다. 이러한 결론 아래, 그는 원칙주의자답게 가장 교과서적인 방법으로 국가를 개혁했다.

따지고 보면, "인(仁)으로 나라를 다스려라.", "덕(德)으로 다스려라." 하는 '공자님 말씀'도 그 당시 상황에서는 일종의 정치 전략이라 할 수 있다. 인구가 곧 노동력이자 국력이었던 시절, 무엇보다도 시급한 과제는 사람 수를 늘리는 일이었다. 지금도 마찬가지지만, 사람들은 누구나 좀 더 자유로운 곳에서 살고 싶어 하는 법이다. 공자가 강조한 인과 예(禮)는 그 시절 권력자들에게 더 많은 이민자들을 끌어 모으기 위한 일종의 홍보 수단으로 여겨지는 면도 없지 않았다.

하지만 상앙은 얕은 수로 사람들의 마음을 사로잡으려 하지는 않았다. 사람은 누구나 힘든 일은 하지 않으면서도 더 많은 이익을 얻기를 원한다. 그 시절이라고 다르지 않아서, 진나라 사람들 역시 '3D' 업종인 농사와 전투를 싫어했다. 그렇다면 힘든 일을 하는 사람이 더 많은 몫을 차지하도록 법을 바꾸면 되지 않을까? 상앙은 이른바 변법(變法)을 만들어 '일하는 사람이 대접받는 사회'를 이루려고 했다.

먼저, 그는 군공(軍功) 포상제를 실시했다. 이제 모든 작위는 전쟁에서의 공로로만 얻을 수 있게 되었다. 출세하려면 전쟁터에서 열심히 싸우는 수밖에 없다는 뜻이다. 그리고 생산량이 많은 사람에게는 세금을 줄여 주었다. 심지어 그는 자신의 저서인 《상군서(商君書)》(상앙의 저서로 알려져 있으나, 상앙 이후의 사실까지 기술되어 있는 것으로 보아 후대인에 의해 편집된 것으로 추정됨)에서 "생산력에 따라 관직을 살 수 있게 해야 한다."는 극단적인 주장까지 했다. 이와 더불어 군공작(軍功爵, 전투에서 세운 공

법가는 엄격한 형법의 적용으로 국가를 다스리고자 한 사상이었다. 사진은 진나라의 법가 사상을 확립한 상앙. (ⒸFanghong)

철학, 역사를 만나다

적에 따라 작급을 내림)을 바탕으로 한 20등작제(等爵制)를 실시하여 귀족들의 권한을 축소했다. 그리하여 전쟁에서 공을 세운 귀족에게는 작급을 주고 나머지에게는 녹봉(祿俸)만 지급하도록 했다. 귀족이라도 별 성과를 못 내면 대접받을 수 없게 한 것이다.

춘추 전국 시대의 농업 생산력은 지금과 비교해 보면 형편없는 수준이었다. 씨앗을 한 가마니나 뿌려도 수확하는 양은 세 가마니 정도에 지나지 않았다. 이런 상황에서 놀고먹는 귀족이 많다면 그만큼 백성은 힘들어지고 국력은 약해질 수밖에 없다. "일하지 않는 자는 먹지도 마라."는 구호를 연상시킬 정도로 강력했던 상앙의 변법은 노동력을 키우기 위한 극약 처방이었던 셈이다.

나아가 상앙은, "어진[仁] 사람이 다른 이들에게 그 마음을 베풀 수는 있다. 그러나 다른 사람들을 어질게 만들지는 못한다."라는 말을 남겼다. 상과 격려의 효과는 장담할 수 없다는 것이다. 반면, 벌은 그 즉시 효력을 발휘한다. 아직까지도 많은 교육자들이 체벌의 매력에 유혹을 느낄 정도로 벌의 효과는 즉각적이다. 따라서 상앙은 "벌과 상의 비율을 9:1 정도로 하라[刑九賞一]."고 조언했다. 심지어 어떤 대목에서는 상은 백성들이 서로를 잘 감시할 수 있을 때만 주면 된다는 극언도 서슴지 않았다.

그뿐 아니라 그는 다섯 가구, 열 가구 정도로 마을을 묶어 연대 책임을 물었다. 한 사람만 잘못해도 그 마을 전체가 처벌받도록 한 것이다. 상앙은 전쟁터에서도 다섯 명, 열 명 단위로 병사들을 묶어 깃발을 들게 했다. 그중 한 사람이라도 비겁한 행동을 하면 전체를 처벌하기 위해서였다. 이런 상황에서는 모두가 눈에 불을 켜고 서로의 잘못을 감시할 수밖에 없다. 국가가 통제하고, 개인은 서로 감시하는 사회. 상앙은 진나라를 이처럼 형벌의 공포로 꽁꽁 묶어 놓았다.

작은 나무도 높은 언덕에 서 있으면 깊이 볼 수 있다

그로부터 100년 뒤, 상앙의 개혁은 한비에 이르러서 절정에 다다랐다. 한비는 진나라 시황제가 이룩한 통치 철학의 기반을 닦은 인물이다. 그는 국가를 운영하는 세 가지 축으로 법(法)과 세(勢) 그리고 술(術)을 내세웠다. 한비는 《한비자(韓非子)》에서 이렇게 말했다.

무릇 재능이 있어도 권세와 지위가 없다면 현명하더라도 어리석은 자를 제어할 수 없다. 그래서 한 자밖에 안 되는 나무라도 높은 산 위에 서 있으면 천 길 계곡도 내려다볼 수 있다. 이는 나무가 크기 때문이 아니라 서 있는 위치가 높기 때문이다.

한비는 진나라 시황제가 이룩한 통치 철학의 기반을 닦았다.

앞서 말한 세 가지 축 가운데 '세'란 군주가 절대 권력을 가지고 있어야 함을 뜻하는 단어다. 그렇다면 한비의 말은 법과 정부가 제대로 서 있으면 왕은 그다지 똑똑하지 않아도 통치하는 데 무리가 없다는 의미가 된다. 따라서 법가에서는 왕이 도덕성을 갖추는 일을 그다지 중요하게 여기지 않았다. 왕이 덕을 쌓는다 해도 신하들이 스스로 복종하리라는 보장은 없기 때문이다. 그래서 한비는 신하를 왕에게 복종시키는 방법으로 '술'을 제시했다. 술이란 한마디로 벼슬을 주고 빼앗으며 상벌을 내리는 방식으로, 신하들을 길들이는 기술을 의미한다.

이렇듯 인과 예에 의한 정치, 왕도 정치(王道政治) 등 통치자가 갖추어야 할 품성들을 신신당부하는 맹자 같은 유가 철학자들과 달리, 법가 사상가들은 왕이 갖추어야 할 덕목에 대해 별로 말하지 않았다. 유가가 군주에게 도덕 교과서 같은 이야기를 늘어놓고 있다면, 한비는 통치를 위한 '실전 매뉴얼'을 제시해 주고 있는 셈이다.

화려한 성장과 비참한 몰락

엄격한 규율과 카리스마 넘치는 군주, 풍부한 물자와 호전적인 군대…… 상앙과 한비에 의해 거듭난 진나라는 마치 '전쟁 기계' 같았다. 그 당시 어떤 나라도 시황제의 군대가 내뿜는 위세 앞에 기를 펴지 못했다.

기원전 221년, 진나라는 마침내 중국 대륙을 통일했다. 나라 간의 경쟁은 또한 난세를 잠재울 수 있는 방안을 제시하는 수많은 사상가들 간의 싸움이기도 했다. 따라서 진의 승리는 곧 법가의 승리이기도 했다.

그러나 법가 사상가들의 말년은 거의 좋지 못했다. 상앙은 그를 밀어주던 개혁 군주 효공이 사망하자마자 사지가 찢겨 죽었고, 한비는 그를 견제하던 재상 이사(李斯, ?~기원전 208)의 모함에 걸려 옥에서 죽고 말았

이사는 시황제가 한비를 중용할 것을 두려워하여 모함했지만, 시황제는 그를 투옥시키는 데 그쳤다. 그러자 이사는 옥에 갇힌 한비에게 독약을 보내 자살할 것을 강요했고, 한비는 그의 결백을 입증하기 위해 시황제를 만나게 해 달라고 간청했으나 받아들여지지 않았다. 시황제가 자신의 잘못을 깨닫고 한비에게 석방 명령을 내렸을 때는 이미 자살한 뒤였다.

다. 법가를 채택한 나라의 운명도 마찬가지였다. 진나라는 채 20년도 버티지 못하고 무너졌고, 오기(吳起, 기원전 440?~기원전 381)라는 걸출한 법가 사상가 덕택에 위세를 떨치던 위(魏)나라 또한 오기가 죽자마자 탐욕스러운 귀족들에 의해 순식간에 몰락하고 말았다.

법가 사상을 채택했던 나라와 또 이를 추종했던 사람들은 왜 그리 하나같이 몰락의 길을 걸었을까? 그 이유는 '개발 독재의 한계'에서 찾을 수 있지 않을까 한다. 철권(쇠몽치와 같은 굳센 주먹이란 뜻) 통치로 국민을 하나로 묶는 방식은 후진국에서는 효과적일 수 있다. 배고픔을 이기고 잘살아 보자는 욕망이 무엇보다도 크기 때문이다. 그러나 스파르타식 학원에서 공부하여 성적을 많이 올렸다 해도, 평생을 그곳에서 살고 싶어 하는 사람은 아무도 없다. 정치 제도에서도 마

시황제는 통일 국가 건설 후 강력한 중앙 집권 정책을 실시하였고, 가혹한 통치 정책을 펴 백성들의 원성을 샀다.

찬가지다. 어느 정도 풍요로워지면 '인간다운 삶'에 눈뜨기 시작한다. 자유롭고 질 높은 삶을 바라게 마련이라는 뜻이다. 이런 상황에서는 더 이상 국가의 일방적인 강요, 검소화 내핍의 강조는 통하지 않는다.

그래서 하나같이 '개발 독재' 국가들은 경제가 어느 정도 경지에 오른 뒤에는 몰락의 길을 걷곤 했다. 물론 독재자들은 파멸을 막기 위해 끊임없이 노력했다. 적의 위협을 과장하고 검약의 미덕을 강조하는 것은 독재자들이 흔히 쓰던 수법이다.

아방궁과 진시황릉으로 대표되는 진나라 시황제의 어마어마한 사치 뒷면에는 시중에 유통되는 물자를 줄여서 문화가 자라나지 못하게 하려는 법가의 피나는 노력이 숨어 있었다. 여유가 생겨 문화가 꽃피고, 그 결과 백성들의 요구가 다양해지고 생각이 많아지면 그만큼 통치하기가 어려워지기 때문이다. 그러니 반항심이 싹트지 못하도록 늘 '적과 대치한 개발도상국의 상태'로 유지하려고 노력했다는 의미다.

개발 독재는 아무리 경제 발전에 기여한다 해도 '독재'에 지나지 않는다. 그래서 거부감이 클뿐더러 결국에는 스스로의 모순 때문에 쇠락의 길을 걷고 만다. 지금도 우리 사회에는 개발 독재 시절에 대한 향수를 지닌 사람이 여전히 많다. 공(功)을 무시해서는 안 되지만 그 한계를 놓쳐서도 안 된다. 상앙과 한비의 나라인 진나라의 화려한 성장과 비참한 몰락은 우리에게 뼈아픈 가르침을 주고 있다.

더 읽어 봅시다!

- 정위안 푸의 《법가, 절대권력의 기술》
- 신영복의 《강의: 나의 동양 고전 독법》

말더듬이 사상가 한비

한비는 상앙보다 약 100년 뒤의 사람이다. 한(韓)나라 명문 귀족 출신인 한비는 대화가 어려울 정도로 심한 말더듬이였다고 한다. 그래서 주로 글을 적어 자신의 의견을 전달했는데, 아마도 이러한 이유가 그를 후세에 길이 남는 탁월한 문장가로 만들지 않았을까 한다. 그는 진나라 재상인 이사와 함께 순자에게서 배웠다.

진시황은 그가 쓴 《한비자》를 읽고 크게 감동하여 "이 사람을 만나 함께 대화를 나누었으면 여한이 없겠다."라고 말할 정도였다고 한다. 그는 진나라에 초빙되어 객경 벼슬에 올랐다. 그러나 재상 이사는 그를 시기하여 모함했다. 한나라 귀족인 한비가 진나라에 진심으로 충성을 다할 리 없으며 언젠가는 반드시 등을 돌릴 거라는 논리였다. 이사의 말에 마음이 혹한 진시황은 한비에게 사약을 내리고 말았다.

그러나 한비는 죽었어도 《한비자》는 진시황의 통치 이데올로기로 자리 잡았다. 이미 100여 년 전에 상앙에 의해 뿌려진 법가의 전통은 《한비자》에 감화받은 진시황에 의해 절정에 이르렀다고 해도 좋을 것이다.

한비는 지극히 현실주의적인 입장을 취했다. 그는 사상이란 시대의 요구를 정확히 반영해야 한다고 주장했다. 예컨대, 상고(上古) 시대에는 유소씨(有巢氏)가 나무로 집 짓는 법을 가르쳐 주었다. 그리고 중고(中古) 시대에는 큰 홍수가 나자 곤(鯀)과 우(禹)가 물길을 끊어 홍수를 막았다.

그렇지만 만약 지금에 와서도 나무로 집을 지으려고 한다면 어떨까? 우임금이 한 것처럼 어설픈 솜씨로 냇물을 막으려 한다면 또 어떨까? 존경을 받기는커녕 비웃음을 살 뿐이다. 한비는 역사는 진화하므로 시대의 과제에 대해서는 환경과 상황에 맞는 해결책을 내세워야 한다고 주장했다. 이러한 현실을 알지 못하고 과거에만 집착하는 사람을 가리켜 한비는 수주대토(守株待兎)의 일화를 일러 준다.

옛날 송(宋)나라의 어느 농부가 농사를 짓다가 토끼 한 마리가 달려와 나무 그루터기에 부딪혀 죽는 것을 보았다. 어쭙잖게 토끼를 사냥한 농부, 다음부터는 농사를 그만두고 그루터기에 다른 토끼가 와서 부딪힐 때를 숨죽여 기다리기만 했다. 토끼가 부딪힌 것은 우연일 뿐이다. 모든 토끼가 그렇게 바보같지는 않다. 옛것이 현실에 해결책이 될 수도 있지만 그런 경우는 드물다. 수주대토는 대책 없이 옛것에 의존하는 사람들을 빗대는 고사성어다.

　나아가 한비는 법, 세, 술이라는 법가의 핵심 사상을 정립한 사람이기도 하다. 법은 엄격한 규칙과 규율, 세는 왕의 권위, 술은 통치 기법을 말한다. 이중에서 《한비자》에는 특히 술에 대한 설명이 많다. 왕은 신하에게 속마음을 내보여서는 안 된다는 '무위술(無爲術)', 신하의 말과 행동이 부합되는지를 살피라는 '형명술(刑名術)', 남의 말을 가려듣는 방법인 '청언술(聽言術)', 사람 쓰는 법을 논한 '용인술(用人術)' 등이 대표적이다.

07

무지한 십자군,
형제에게 칼을 겨누다

십자군 전쟁

"세상 사람들은 둘로 나뉜다.
한편은 머리를 가졌으나
종교가 없고 종교가 있는 자들은 머리가 없다."
– 십자군 전쟁 직전, 아랍의 시인 이불 알라 알 마리가 쓴 글 중에서

9 · 11 테러는 십자군과의 싸움?

　(예루살렘의) 알 아크사 사원과 (메카의) 성스러운 사원을 그들로부터 해방시키기 위해 그리고 그들의 군대(십자군)가 두 번 다시 우리를 위협할 수 없도록 그들을 이슬람 땅에서 내쫓아야 한다.

　한때 다마스쿠스(현재 시리아의 수도, 세계에서 가장 오래된 도시 가운데 하나로, 예부터 동서 교통의 요지로 번영하였음)와 이집트는 물론, 다른 지역까지 넘볼 정도로 막강했던 프랑크 인(게르만 족 가운데 서게르만 계통에 속하는 여러 부족을 함께 이르는 말로, 여기서는 십자군을 의미함)들은 예루살렘과 팔레스타인 전역에서 쫓겨났다. 신이여, 다시는 그들이 이 땅에 발붙이지 못하게 하시길!

성지(聖地) 예루살렘 탈환과 십자군, 이교도와의 성전(聖戰). 두 글의 분위기는 사뭇 비슷하다. 그러나 이 글들 사이에는 700여 년의 시간차가 있다. 앞의 글은 9 · 11 테러의 주범 오사마 빈 라덴(Osama Bin

Laden, 1957~2011)이 1998년에 쓴 글 가운데 일부다. 뒤의 글은 십자군 국가들의 최후를 바라보며 아랍의 역사가 아부 알 피다(Abu al-Fida, 1273~1331)가 1291년에 남긴 글이다.

왠지 십자군, 성전 같은 말은 중세를 배경으로 한 영화에나 나올 법한 느낌이 들지만, 이 단어들은 지금의 국제 정세를 설명하는 데도 자주 등장하는 '시사용어'다. 그뿐 아니라 예루살렘 등 성지를 둘러싼 갈등도 여전히 현재 진행형이다. 이런 상황에서 십자군은 이슬람교와 기독교 사이에 존재하는 뿌리 깊은 갈등의 본질을 꿰뚫는 매우 특별한 코드다. 십자군 전쟁은 두 문명 사이에 일어난 본격적인 갈등의 시작이었을뿐더러, 두 문화권이 다투는 모양새 또한 예나 지금이나 크게 다르지 않기 때문이다.

십자군 전쟁은 이슬람과 기독교 문명 사이에 존재하는 뿌리 깊은 갈등의 원인이 무엇인지 파악할 수 있는 중요한 사건이다. 사진은 2001년 9·11 테러 당시를 촬영한 것.

기독교와 이슬람, 형제간 다툼의 뿌리

이슬람 경전인 《코란》에는 다음과 같은 구절이 있다.

철학, 역사를 만나다

우리(무슬림, 곧 이슬람교도를 가리킴)의 신과 너(기독교도를 의미함)의 신은 같은 한 분의 신이시니, 우리는 그분께 순종함이라.

일반인의 편견과는 달리, 이슬람교의 알라와 기독교의 하느님은 다른 신이 아니다. 거기다가 이 두 종교는 《구약 성경》에 나오는 내용의 상당 부분을 공유하고 있다. 또한 예수 그리스도를 신의 아들로 보느냐, 단순히 선지자(先知者) 가운데 하나로 보느냐 하는 차이만 있을 뿐, 두 종교의 성인들 대부분은 서로 겹친다. 그래서 무슬림은 기독교도를 '성서의 백성'이라 부르며 존중했다. 게다가 이슬람과 기독교 모두 평화와 사랑을 강조하는 종교다. 그러니 교리로만 보면 형제 종교인 기독교와 이슬람은 서로 싸울 이유가 없다. 그런데 왜 같은 신을 믿는 두 갈래 신앙이 1000년 가까이 처절한 싸움을 벌이게 되었을까?

여기에는 십자군 전쟁 당시 권력자들이 자신의 이익을 위해 종교를 이용한 탓이 크다. 콘스탄티노플(현재 터키의 이스탄불)을 수도로 했던 비잔틴 제국(동로마 제국)은 기독교 세계의 동쪽 끝에 위치한 나라였다. 그런데 중앙아시아에서 서쪽으로 진출하면서 이슬람교로 개종한 셀주크 투르크 족이 11세기부터 빠르게 성장하기 시작하더니, 급기야 비잔틴 제국까지 위협하기에 이르렀다. 이에 비잔틴 제국은 영토의 상당 부분을 잃었고, 상황이 절박해진 황제 알렉시오스 1세(Alexios I, 1048~1118)는 로마 가톨릭 교회에 도움을 청했다.

하지만 정치에서는 명분이 중요한 법이다. 단순히 자기 나라가 어렵다고 해서 이해관계가 없는 주변 국가들의 도움을 얻기란 쉬운 일이 아니다. 이에 알렉시오스 1세는 '기독교 세계의 위기'를 앞세웠다. 이교도의 침략 때문에 기독교 국가인 비잔틴이 위기에 놓여 있으니, 같은 종교를 믿는 나라들이 나서서 도와주어야 한다는 논리를 폈던 것이다. 게다가 그는 이교도인 무슬림이 성지 예루살렘을 지배하면서 기독교도들이 얼마나 박해받고 있는지를 과장하여 구구절절 나열했다.

그러나 예루살렘이 무슬림의 손안에 있다는 사실은 그 당시 사람들에게 별로 충격적인 일이 아니었다. 그곳이 무슬림의 손에 넘어간 지이미 400년 이상 되었을 뿐 아니라, 무슬림은 기독교도들이 성지 순례하는 것을 막거나 방해하지 않았다. 더군다나 예루살렘으로 가는 길 또한 중세 유럽의 상황으로는 안전한 편에 속했다. 한마디로 알렉시오스 1세의 주장은 별로 설득력이 없었다.

하지만 이 이야기를 들은 로마 교회의 생각은 달랐다. 교황 입장에서 비잔틴 황제의 요청은 둘도 없는 '정치적 호재'였다. 무엇보다도 유럽의 골칫거리였던 전투 집단을 '신을 위해 싸운다.'는 고결한 명목 아래 동쪽으로 쓸어 내는 데 좋은 명분이 되었다. 유럽에는 잦은 전쟁으로 기사들이 넘쳐 났는데, 이들은 툭하면 폭력을 휘둘러 사회 문제를 일으키곤 했다. 그 당시 기사는 지금의 '조직폭력배'와 다를 바가 없었다. 차이가 있다면 '두목'이 왕이나 영주로, '나와바리(구역, 할당된 지역이라는 뜻의 일본어)'가 봉토(제후를 봉하여 내준 땅)라는 이름으로 불렸다는 정도뿐이다. 기사들 중에는 일자무식도 꽤 많았다. '정신을 갈고 닦으면 용기와 힘이 약해진다는 신념(?)' 때문이었다고 한다.

더구나 기사들의 예식은 우리의 생각과는 달리 무척 폭력적이었다. 기사 수여식 때 칼을 머리와 양 어깨에 가볍게 얹게 된 것은 뒷날의 일로, 그 당시만 해도 기사 자격을 수여하는 사람은 칼등으로 있는 힘을 다해 신입 기사의 머리를 내리쳐 기절시켰다고 한다.

십자군 전쟁은 교황에게는 자신의 권위를 확실히 세울 수 있는 절호의 기회였다. 이교도와 치르는 전쟁인 이상 기독교의 우두머리인 교회가 지휘를 맡는 게 마땅할 터. 끊임없이 교황에게 기어오르려 하는 왕들을 부하로 삼아 이교도와 전쟁을 한다면 누가 진정 윗사람인지가 명확해질 것이다. 한마디로 이슬람과의 전쟁은 왕과 영주의 힘을 빼앗고 교황권을 강화하기 위한 요긴한 카드였던 셈이다.

성 베드로의 군대여, 그리스도의 땅을 회복하라!

1095년, 클레르몽 공의회(오늘날의 클레르몽페랑 시에서 열린 교회 회의)는 성지 회복을 위한 무장 순례를 정식으로 승인했다. 이때 교황 우르바누스 2세(Urbanus II, 1035~1099)는 자신 있게 선언했다.

"성 베드로의 군대는 소아시아에서 셀주크 투르크를 쓸어 낼 뿐만 아니라, 나아가 그리스도의 땅을 해방시킬 것이다."

그 결과, 유럽 곳곳에서 15만 명이 넘는 사람들이 서약을 하고 옷에 십자가를 달았다(십자군이라는 명칭은 여기서 유래했다). 거룩한 전쟁에 참여하여 자

우르바누스 2세를 중심으로 한 클레르몽 공의회는 십자군 원정을 공식적으로 승인했다. 그림은 〈해외의 통로〉에 수록된 장 콜롱브의 삽화.

신의 죄를 씻기 위해 귀족, 기사, 농민 할 것 없이 십자군에 몸을 바쳤다.

서약을 한 사람들 가운데 실제로 원정에 참여한 사람은 4만 명 정도였다. 그러나 이 '군사 작전'은 코믹할 정도로 황당했다. 엄청난 수의 병사와 무기가 움직일 때는 그만큼 방대한 물자 지원이 반드시 뒤따라야 한다. 그러나 십자군 대부분은 이에 대해 고민하지 않았다. 이들에게 철저한 준비는 오히려 신앙심이 부족하다는 징표처럼 여겨졌다. 신께서 '알아서' 식량과 물품을 내려 주실 텐데 무슨 걱정이 필요한가! 더구나 먼 여정을 떠나는 병사들 대부분은 도착하는 마을마다 "여기가 예루살렘이냐?"고 물을 정도로 지리적인 지식도 없었다.

이렇듯 대책 없는 군대였으니, 사건 사고 역시 끊일 리가 없었다. '일용할 양식'을 구하기 위해 일상적으로 약탈을 했는데, 그 대상은 기독교를 믿는 불쌍한 민간인들이었다. 십자군은 무슬림과 싸우기도 전에 먼저 기독교도들 사이에서 공포의 대상이 되어 버렸다.

그뿐만이 아니었다. 십자군은 그 당시 기독교계가 겪고 있던 모든 갈등과 문제 요소를 안고 있었다. 먼저 프랑스, 독일, 이탈리아 등 출신 국가별로 반목이 심해서, 이들은 사소한 이권과 명분을 놓고도 끊임없이 다투었다. 거기다가 십자군은 유대인을 자주 학살하곤 했다. 학자들은 그 이유를 유대인 가운데 유독 고리대금업, 곧 돈놀이를 하는 사람이 많았다는 데서 찾곤 한다. 빚을 진 사람들은 채무를 덜기 위해, 군주는 그들의 재산을 가로챌 목적으로 유대인을 죽였다는 것이다.

오합지졸과도 같은 바람 잘 날 없는 엉터리 군대였지만, 제1차 십자군은 1099년, 마침내 예루살렘 성을 빼앗는 데 성공했다. 그 뒤 십자군은 190여 년 동안 팔레스타인 지역을 통치하게 된다.

오합지졸과도 같았던 제1차 십자군이었지만, 1099년 예루살렘을 점령했다. (에밀 시뇰, 〈1099년 7월 15일, 십자군에게 정복된 예루살렘〉)

어디로 튈지 모르는 폭탄 같은 십자군

십자군이 제1차 원정에서 성공할 수 있었던 데는 이슬람 세계의 무지와 분열이 큰 역할을 했다. 사실, 대다수 무슬림은 십자군에 대해 아는 것이 아무것도 없었다. 처음에 그들은 십자군의 침입을 그 당시 흔했던 영토 분쟁 정도로만 여겼다고 한다. 무슬림은 기독교도들이 자신들에게 신앙적 적대자가 될 수 있다는 사실을 쉽게 이해할 수 없었다. 그 당시는 이슬람 국가의 왕들이 여느 이웃 국가들에게 하듯, 다른 이슬람 국가를 치기 위해 기독교 국가에 동맹을 청하는 일이 흔하게 일어났던 시대이기 때문이다.

전체적으로 십자군 전쟁은 서로 피 터지게 치고받는 가운데, 이해할 수 없는 전쟁을 정당화해 가는 과정이었다고 할 수 있다. 기독교와 이슬람은 처음부터 적이었던 것이 아니라, 싸우는 과정에서 상대를 '신앙의 적'으로 만들어 갔다. 기독교에 대항하여 성전, 곧 지하드를 펼쳐야 한다는 생각은 살라딘 대왕(Saladin, 1137~1193, 아이유브 왕조의 창시자)에 이르러서야 비로소 체계화되었다.

기독교 진영도 마찬가지였다. **템플 기사단**이나 **튜턴 기사단**같이 십자군을 대표하는 '문화 코드'들은 순례자를 보호하고 부상자를 구호하는 가운데 형성되었다. 제대로 된 기사도 정신도 '사자 왕' 리처드 1세(Richard I, 1157~1199, 국내 정치에는 무능했지만 전투에서 영웅적 면모를 보이며 중세기사의 전형으로 평가받았음)를 거치며 비로소 정돈되었다. 모든 것이 투쟁 속에서 만들어졌다.

더구나 200여 년에 걸쳐 여덟 차례나 감행된 십자군 원정은 대규모 군사 행동치고는 기묘하기 그지없었다. 십자군은 대부분 성지 순례를 하기 위해 '자원 봉사로 참여한' 귀족과 병사들로 이루어졌다. 이 때문에 일관된 지휘 통제는 애초부터 기대하기 어려웠다. 십자군은 어디로 튈지 모르는 폭탄과도 같은 존재였다. 작전을 짰다고 해서 그대로 된다는 보장은 전혀 없었다. 심지어 제4차 십자군 원정 때는 이슬람을 치기는커녕 엉뚱하게 같은 기독교 국가인 비잔틴 제국을 공격해 멸망시키기까지 했다. 그런데도 많은 유럽 인들은 비잔틴 제국이 로마 가톨릭 교회가 아닌 그리스 정교회를 믿고 있었다는 이유로 십자군에 갈채를 보냈다. 이처럼 결과를 통해 원래 의도가 이런 것이었다고 정당화해야 하는 기묘한 상황이

템플 기사단 튜턴 기사단·요한 기사단과 더불어 십자군 시대의 3대 종교 기사단 가운데 하나로, 신전 기사단이라고도 한다. 성지 순례를 떠나는 기독교도를 보호한다는 목적으로 1118년 결성되었으며, 1128년에 교황의 공인을 받았다.

튜턴 기사단 1190년 제3차 십자군이 아콘을 포위했을 때, 뤼베크·브레멘 시민들이 부상병 구호를 위해 세운 병원에서 기원했다. 나중에 성지 방위를 담당하는 종교 기사단으로 변모하여, 1198년에 교황의 공인을 받았다.

적잖이 일어나곤 했다.

　게다가 시간이 갈수록 십자군 전쟁은 성지 회복보다는 이단과의 투쟁이라는 성격이 강해졌다. 교회는 자신의 적들을 '신앙의 적'으로 규정하고 십자군 소집을 선포하곤 했다. 이런 가운데 성소(聖所) 수복이라는 십자군 본래의 의미는 어느덧 퇴색해 가고 있었다.

　팔레스타인에 있던 십자군 국가는 1291년, **아크레**가 함락되면서 모두 사라졌다. 하지만 이미 부패한 교회와 추락할 대로 추락한 교황의 권위로는 더 이상 성지 회복을 위한 대규모 십자군을 조직할 수 없었다. 그런데도 십자군은 그 뒤 하나의 '이상(理想)'으로 유럽 사람들의 가슴속에 남았다. 십자가를 앞세워 기독교 문명을 전파하고 악의 세력인 이교도를 뿌리 뽑는다는 자부심으로 말이다.

> **아크레** 현재 이스라엘 북부에 있는 항구 도시로, 635년에 무슬림에게 점령되었으나, 1104년에 십자군이 공략하면서부터 쟁탈의 대상이 되었다. 1291년, 이슬람 세력이 최종적으로 탈환하였다.
>
> **대항해 시대** 15~17세기, 그때까지 전설적·공상적 영역에 있었던 세계 각지가 탐험·항해에 의해 속속 현실로 확인된 시대를 말한다. 15세기 초 포르투갈 엔리케 왕자의 아프리카 항로 개척을 시작으로, 15세기 말 콜럼버스의 아메리카 대륙 발견을 거쳐, 16세기에서 17세기 초에 이르는 유럽 각국민의 탐험 및 항해 시대를 가리킨다.

십자군은 인류 정신의 바이러스?

　십자군은 분명 사상 운동이 아니었다. 그러나 십자군 전쟁은 서양 역사에 그 어떤 사상보다도 큰 정신적 영향을 끼쳤다. **대항해 시대**에 접어들어 식민지를 개척하던 유럽 국가들은 자신을 새로운 십자군으로 여겼다. 야만적이고 잔혹한 이교도의 땅에 기독교 문명을 전파한다는 사명감은 그들의 탐욕을 정당화시켜 주곤 했다. 더 나아가 19세기 유럽의 제국주의 국가들은 앞 다투어 자기 나라의 십자군 지휘관들을 영웅으로

105

07 무지한 십자군, 형제에게 칼을 겨누다

프리드리히 1세 신성 로마(독일) 황제로, '붉은 수염 왕'으로 유명하다. 그는 곤궁과 오욕에서 사람들을 구해 낸 영웅이자, 무장(武將)으로서 완벽한 능력과 범절을 갖춘 기사의 전형으로 찬양되었다.

고드프루아 드 부용 프랑스 귀족 출신의 제1차 십자군 지휘관. 십자군을 다룬 무훈시의 주인공으로 등장하며, 그의 집안은 《백조의 기사》 등에서 아름답게 그려졌다.

만들기까지 했다. 영국은 리처드 1세를, 독일은 **프리드리히 1세**(Friedrich I, 1122?~1190)를, 프랑스는 **고드프루아 드 부용**(Goderfroy de Bouillon, 1060?~1100)을 치켜세우기에 여념이 없었다.

반면, 이슬람권에서 십자군은 20세기에 접어들 때까지 별다른 주목을 받지 못했다. 그때까지만 해도 무슬림은 십자군 전쟁을 '프랑크 족의 침입'이라 부르곤 했다. 그들은 십자군과의 전쟁을 장구한 이슬람 역사에서 잠시 스쳐 지나가는 상처 정도로밖에 여기지 않았던 것이다.

하지만 이스라엘의 탄생, 서구 제국주의의 침략을 거치면서 이슬람 국가들은 십자군의 의미를 다시 곱씹게 되었다. 분열된 이슬람 국가들과 그 틈을 노린 이스라엘의 예루살렘 점령, 우월한 군사력을 앞세운 서방 국가들의 간섭은 700년 전의 상황과 너무나 닮아 있다. 오사마 빈 라덴이 '십자군에 맞선 지하드'를 선언하고 사담 후세인(Saddam Hussein, 1937~2006)이 자신을 '아랍 세계를 단결시킬 새로운 살라딘'이라고 줄곧 주장했던 이유는 바로 여기에 있다.

그러나 십자군은 처음부터 권력 갈등이 빚어낸 허상에 지나지 않는다. 사랑과 자비의 종교인 이슬람과 기독교는 결코 적대적인 관계가 될 수 없다. 18세기 유럽의 지성 볼테르(Voltaire, 1694~1778, 프랑스의 계몽사상가·작가)는 십자군을 '권력에 미친 성직자들이 벌였던 무자비한 전쟁'일 뿐이라고 단언했다. 전(前) 교황 요한 바오로 2세(Joannes Paulus II, 1920~2005)는 2003년, 십자군 전쟁은 교회가 저지른 죄악의 하나라며 정식으로 참회하기까지 했다.

십자군과 기사도에 불타는 경건한 기사는 지금도 동화나 영화 속에서 동경의 대상으로 그려지곤 한다. 완벽한 이상은 세상에 대한 무지에서 비롯되는 경우가 많다. 현실에서는 절대적인 선도 악도 없다. 나는 선하고 상대는 없어져야 할 악이라는 생각은 세계를 끝없는 갈등의 소용돌이로 몰아넣을 뿐이다.

선과 악이라는 이분법을 버리면, 세상은 '함께' 힘을 모아 해결해야 할 문제들로 가득한 공간으로 보이기 시작한다. 기독교와 이슬람이 꿈꾸는 사랑과 기쁨으로

기사의 전형으로 찬양 받았던 '붉은 수염 왕' 프리드리히 1세. 그림은 〈벨프 가(家)의 역사서〉에 수록된 삽화.

충만한 세상은 십자군이나 성전과 같은 극단적인 적개심을 버리고 상대에게 손을 내밀 때 이루어진다. 이렇게 볼 때 십자군 정신은 인류에게 관용의 소중함을 잊어버리게 하고 폭력에 휩싸이게 하는 정신의 바이러스에 지나지 않는 듯하다.

 더 읽어 봅시다!

- 토머스 F. 매든의 《십자군》
- 아민 말루프의 《아랍 인의 눈으로 본 십자군 전쟁》
- 김태권의 《십자군 이야기 1~5권》

십자군 전쟁이 남긴 것

최근 학계에서는 십자군이라는 용어를 단순히 '성지 회복'을 넘어서 유럽 기독교와 이교도와의 분쟁을 모두 포함하는 넓은 의미로 쓰는 경향이 있다. 13세기에 이단, 교회의 적에 대한 십자군 운동은 성지 회복을 위한 원정만큼이나 빈번하게 일어났다. 당시 에스파냐를 점령하고 있던 이슬람 세력을 몰아내려는 '레콘키스타' 운동은 기독교도들 사이에서 성지 회복과 같은 거룩한 전쟁으로 여겨졌다.

십자군 전쟁 결과, 유럽은 정치적으로 큰 변화를 맞게 된다. 먼저 많은 귀족과 기사들이 전사하여 수가 줄어들었다. 이는 왕권 강화로 이어져서 근대 국가 형성에 기여했다. 반면, 잇따른 원정의 실패로 교황의 권위는 크게 떨어졌다. 1309년에는 교황이 프랑스 왕에게 쫓겨 교황청을 아비뇽으로 옮기는 일까지 생긴다. 그 후 로마 교회는 이전의 권력을 다시 회복하지 못했다.

십자군 전쟁은 문화와 사상에도 큰 영향을 끼쳤다. 당시 이슬람권 세계는 성서의 권위에 짓눌려 학문 발전이 정체되어 있던 유럽에 비해 훨씬 발전된 문명을 이루고 있었다. 수많은 선진 문물이 전쟁과 함께 아랍에서 유럽으로 유입되었다. 대수학(algebra), 알코올(alcool), 설탕(sucre) 등의 말들은 모두 아랍 어에서 왔다. 아랍의 영향이 얼마나 컸는지를 짐작할 수 있게 하는 대목이다.

특히 철학적으로도 십자군 전쟁은 큰 변화를 가져왔다. 그동안 유럽에서는 잊혔던 아리스토텔레스의 사상이 전쟁과 함께 다시 유럽으로 전해 온 것이다. 아리스토텔레스의 사상은 토마스 아퀴나스(Thomas Aquinas, 1225?~1274)에 의해 체계적으로 기독교 신학에 녹아들어, 이후 교회의 위상과 체계를 재정립하는 데 크게 기여했다.

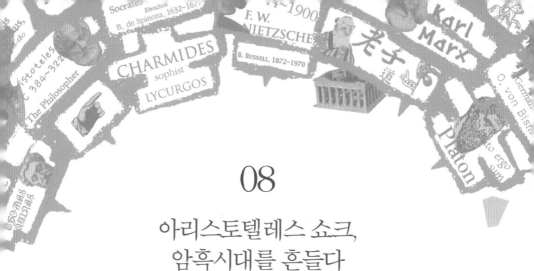

08

아리스토텔레스 쇼크,
암흑시대를 흔들다

토마스 아퀴나스

"나는 이제 더 이상 쓸 수가 없다.
(내가 한 신비한 체험에 비하면)
지금까지 써 온 모든 것은 한갓 지푸라기처럼 보인다."
—신을 직접 만나는 체험을 한 후 토마스 아퀴나스가 비서에게 전한 말

아퀴나스, 기독교 논쟁을 종식시키다

기독교 공인 후, 유럽 1000년의 역사는 기독교와 교회의 역사였다고 해도 과언이 아닐 정도로 유럽의 보편적인 문화와 정서가 되었다. 현존하는 가장 오래된 《신약 성경》의 일부.

예수(Jesus Christ, 기원전 4?~30?)의 언행을 기록한 《신약 성경》은 원래 헬라 어로 되어 있다. 헬라 어는 그리스 어의 다른 말이다. 그 당시 국제 언어는 그리스 어였는데, 헬라 어는 요즘으로 치면 '이태원 상인들이 쓰는 영어' 정도가 될 듯싶다. 의사소통을 위한, 최소한의 문법과 단어로 이루어진 서바이벌 잉글리시, 그게 바로 헬라 어다. 성서 기록자들은 왜 예수의 말씀을 이같이 수준 낮은 언어로 적었을까? 그 이유는 예수의 가르침이 가난하고 못 배운 자들을 위한 것이었다는 데에 있다. 누구나 알아들을 수 있는 말로 전하려다 보니, 시장통에서 쓰이는 말로 기록할 수밖에 없었던 것이다. 실제로 예수의 주장은 아주 간단한 언어와 쉬운 비유로 이루어져 있다. 그럼에도 어려운 논리보다 더 크고 깊은 울림을 준다.

예수는 로마 제국 변방에 살던 가난한 목수의 아들로 태어났다. 그러나 서른세 살에 십자가에 못박힌 이 젊은이의 가르침은 결국 제국 전체를 집어삼켰다. 그가 죽은 지 300여 년 뒤, 콘스탄티누스 1세 (Constantinus I, 274~337) 황제는 기독교를 제국의 종교로 인정하기에 이르렀다. 그 뒤 유럽 1000년의 역사는 기독교와 교회의 역사였다 해도 지나친 말이 아니다. 교회를 뜻하는 가톨릭(Catholic)이란 단어는 '보편적'이라는 뜻의 그리스어 'katholou'에서 왔다. 예수의 가르침은 말 그대로 유럽의 보편적인 문화와 정서가 되었던 것이다.

하지만 기독교만큼 성장통이 심했던 종교도 드물다. 밖으로는 **마니교**, 이슬람교 등 다른 종교들과 끊임없는 경쟁을 해야 했고, 안에서는 교파 간에 목숨을 건 치열한 논쟁이 이어졌다. 예나 지금이나 투쟁은 창조의 아버지다. 초창기의 조악했던 기독교 철학은 갈등과 경쟁을 겪으면서 점차 세련된 이론으로 다듬어졌다. 그리고 중세의 **스콜라 철학**은 예수의 가르침을 정교한 이론 체계로 정립해 냈다. 그중에서도 '스콜라 철학의 왕'으로 불리는 토마스 아퀴나스는 가톨릭에서 가장 중요한 이론가로 손꼽힌다. 1879년, 교황 레오 13세(Leo XIII, 1810~1903)는 "가톨릭에서는 아퀴나스의 철학이 언제나 옳은 길이다."라고 선포했다. 이렇게 보면 성(聖) 토마스는 지금도 가톨릭 교회의 '공식 대변인'인 셈이다.

마니교 3세기경 페르시아의 마니(Mani)가 조로아스터교(기원전 6세기경 조로아스터가 창시한 페르시아의 고대종교)·기독교·불교 등을 합쳐서 만든 종교. 마니교에 따르면 세계는 하느님이 지배하는 광명의 세계와 악한 신이 지배하는 암흑의 세계로 분리되어 있다. 마니교에서는 특히 악으로부터의 구제를 중시한다.

스콜라 철학 스콜라(schola)는 원래 '학교'라는 의미로, 오늘날 학교를 뜻하는 영어 단어 스쿨(school)의 어원이다. 그 당시 스콜라의 교사들에 의해 철학적 논의가 이루어진 까닭에, 8~17세기 중세 유럽의 기독교 사상가들의 철학 체계를 스콜라 철학이라 부르게 되었다.

아리스토텔레스 쇼크

초창기 교회는 감동과 믿음으로 똘똘 뭉친 소수 공동체였다. 신앙은 본래 이성적인 설득보다는 '믿음'이 앞서야 가능한 것으로, 이런 상황에서는 믿음만으로도 신앙을 유지하는 데 별 문제가 없다. 로마 제국에게 핍박받던 시절, 선교사 테르툴리아누스(Tertullianus, 160?~220?)는 "인류에게 중요한 문제는 각자 구원받는 일이며, 그 방법은 모두 성경에 쓰여 있다."라고 말했다. 한마디로 성경만 있다면 '만사 오케이'라는 식이다.

그러나 기독교가 공인되어, 사회적으로 다른 종교와 경쟁하는 상황이라면 문제는 달라진다. 신자가 아닌 사람들에게 믿음을 전파하려면 왜 우리 종교가 다른 신앙보다 더 나은지를 보여 줄 뭔가 그럴듯한 논리가 있어야 했다. 이 점에서 기독교에는 치명적인 약점이 있었다.

기독교는 구원과 내세를 강조하는 사상이다. 세속적인 논리는 결국 거룩한 믿음 앞에서 꼬리를 내릴 수밖에 없다. 그래서 진정한 세계는 이데아계이며, 지금 세상은 불완전한 그림자에 지나지 않는다는 플라톤 사상은 기독교에 딱 맞는 철학이었다. 그러나 정교한 논리의 뒷받침 없이 "이성으로는 신적인 세계, 이데아의 세계를 알 수가 없다. 그러니 논리를 접고 일단 믿어라. 믿으면 그때부터 천국의 논리가 이해될 것이다. 성경에 계시된 말씀은 무조건적으로 믿어야 하는 대상일 뿐이다."라는 주장만 되풀이한다면, 다른 종교와의 싸움에서 결코 이길 수 없다.

11세기에 들어서 유럽 인들은 문화적 충격에 휩싸였다. 에스파냐를

코르도바를 지배한 이슬람 왕조가 세운 메스키타 사원. (디오니시오 베르다구에르, 〈칼리프 지위를 받는 압둘라만 3세〉)

점령하고 있던 이슬람왕국과의 전쟁과 십자군 원정을 겪으며 자신들이 얼마나 미개한지를 깨닫게 된 것이다. 거리가 오물과 악취로 가득했던 여느 중세 유럽 도시와 달리, 이슬람이 지배하던 코르도바(에스파냐 남부에 위치한 도시) 같은 도시는 수많은 공중목욕탕과 인공 분수, 깔끔한 정원에 난방 시설까지 완비된 집들이 즐비했다.

또 천문학, 수학 등 기술 수준도 유럽보다 한 수 위였다. 거기다 기독교 의사들이 아직도 향료를 피우고 주문을 외치면서 치료하고 있을 때, 이슬람 의료진은 어느 정도 '과학적'이라 볼 수 있는 진료를 진행하고 있었다. 그렇다면 사막의 유목민에 지나지 않았던 이들이 이렇듯 훌륭한 문화를 가진 민족으로 변모할 수 있었던 이유는 무엇일까? 유럽 인들 사이에서는 잊혔던 그리스 시대의 비밀 문서가 아랍 세계로 흘러가서 이들이 그것을 사용했기 때문이라는 '전설'이 돌기 시작했다. 실제로 아랍 인들은 정작 유럽 인들은 잊고 있던 한 그리스 철학자의 사상을 치밀하게 연구하고 있었다. 그 철학자는 바로 아리스토텔레스였다.

이성과 신앙은 신에게 가는 서로 다른 길

아리스토텔레스의 철학은 그 당시 교회 이론과는 여러모로 달랐다. 일상 세계는 죄악으로 가득 차 있다는 기존의 믿음과 달리, 아리스토텔레스는 현실도 천상 세계 못지않게 중요하다고 여겼다. 더구나 그의 철학에 따르면, 세계에 대해 철저하게 이성적으로 따져 묻는 것은 신에 대한 위협이 아니다. 오히려 논리적인 사유는 신에 대한 깨달음에 이르는 데 도움을 준다.

이렇게 볼 때, 이성과 신앙은 대립되기보다는 서로 보완적인 관계다. 이성을 최대한 발휘하여 신에 대해 캐묻고 더 많이 알게 될수록, 믿음은 오히려 더 강해진다. 그에 따르면, '이성과 신앙은 신에게 가는 서로 다른 길일 뿐'이다. 곧 '믿습니다!'식의 '묻지 마 신학'을 냉철한 교리가 보완해 줄 수 있다는 논리다.

이성은 이제 비로소 신앙의 억압에서 자유로워지기 시작한다. 물론 교회는 이교도 세계에서 유입되기 시작한 이 새로운(?) 철학자에게 의혹의 눈초리를 보냈다. 1210년, 교리 논쟁의 중심지였던 파리 교구는 아리스토텔레스의 저서를 금서로 정했다. 그런데도 그에 대한 연구는 그칠 줄 몰랐다. 1231년, 1245년, 1263년, 줄기차게 금지령이 내려졌지만 아리스토텔레스 '붐'을 막을 수는 없었다. 결국 1366년, 전세는 완전히 역전되어 버렸다. 교회는 아리스토텔레스를 알아야만 신학 교수 자격을 얻을 수 있다고 공표한 것이다.

황소고집의 승부사

아리스토텔레스가 사상 투쟁에서 승리를 거둘 수 있었던 이유는 무엇일까? 무엇보다도 그의 사상이 '경쟁력'이 있다는 점을 들 수 있다. 이슬람 등 이교도와의 전쟁, 교황과 황제 사이의 투쟁이 계속되던 상황에서는 무엇보다도 현실을 보는 냉철한 눈이 필요했다. 더욱이 잦은 논쟁과 명분 싸움에서 승리하려면 철저한 논리가 뒷받침되어야 했다. 논리학의 창시자이자 자연 과학과 정치학의 선구자인 아리스토텔레스는 이 둘을 모두 제공해 줄 수 있었다.

그뿐 아니라, 토마스 아퀴나스 같은 대 논쟁가의 공도 빼놓을 수 없다. 그 당시는 사상의 자유란 생각하기도 힘들었던 시절이다. 종교재판과 마녀 사냥이 공공연하게 이루어져, 말 한마디 잘못했다가는 죽을 수도 있었다. 어지간한 '혁명적 결심'이 서지 않고서야 획기적인 이론을 주장

산 도메니코 성당에 그려진 토마스 아퀴나스

할 수 없었던 것이다.

이 점에서 아퀴나스는 정말 탁월한 승부사라고 할 수 있다. 아퀴나스는 외모부터 위압적이었다. 일설에 따르면, 그는 체구가 너무 큰 나머지 책상을 둥글게 파내야 했을 정도였다고 한다. 배가 너무 나와서 손이 책상에 닿지 않았기 때문이란다. 게다가 아퀴나스의 고집은 황소고집이었다(실제로 그의 학창시절 별명은 '벙어리 황소'였다). 시칠리아의 귀족이었던 아퀴나스의 아버지는 그가 부자 수도원인 베네딕트 수도회에 들어가 주교나 수도원장과 같은 성직자가 되기를 원했다. 그렇지만 그가 선택한 곳은 생소하기 그지없는 **도미니크 수도회**였다. 가난한 탁발승이 되려는 아들의 결심에 가족들은 기겁을 할 수밖에 없었다. 그래서 그를 성에 감금시켜 놓고 설득에 설득을 반복했지만, 이 거구의 황소고집을 끝내 꺾지 못했다.

도미니크 수도회 청빈과 엄격한 규율을 신앙 이념으로 삼아 13세기 이후 서유럽에 널리 유행한 탁발 수도회 중 하나로, 학문적 수련을 바탕으로 한 청빈한 생활과 고행을 통해 그리스도의 가르침을 전파했다.

토마스 아퀴나스의 고집스러움은 학문하는 자세에서도 그대로 나타났다. 그는 지칠 줄 모르는 독서가이자 논쟁가였다. 1252년, 아퀴나스는 파리 대학의 신학과 교수로 초빙되어 마침내 강단에 섰다. 이때만 해도 대학 교육은 대부분 토론식으로 이루어지고 있었다. 그 내용을 보면, 먼저 교수의 '강의'에 따라 책을 읽고 명상을 한 다음, 책의 내용에 대해 서로 '질문'을 한다. 그 뒤 '토론'이 이어지는데, 자유롭게 난상토론을 벌이는 게 아니라 정해진 순서에 따라 질문과 대답을 주고받는 식으로 진행된다. 교육의 백미는 그 다음에 이어지는 '자유 토론'에 있다. 이는 사상을 놓고 벌이는 '이종 격투기 시합'이라 할 만하다. 그 주제 역시 '신의 속성은 무엇인가?'와 같은 점잖은 것에서 '부활한 예수 그리스도가 식사를 했을 때 음식물은 몸에 흡수된 것으로 보아야 하는가?' 같은 엽기적인 것에 이르기까지 매우 다양했다.

아퀴나스는 사상의 전쟁터였던 파리 대학에서도 단연 두드러졌다. 아리스토텔레스에 대한 해박한 지식으로 무장한 그는, 치밀하고 냉철한 논리로 상대 교파의 대표들을 격파하곤 했다. 도미니크 수도회 같은 신생 수도 단체는, 게

중세 유럽의 대학에서는 다른 어느 학문보다도 신학이 주도적 위치를 차지했다. 그림은 〈프랑스 대연대기〉에 수록된 중세 파리 대학의 강의 모습.

다가 새로운 사상을 들고 나온 교파는 자칫 이단으로 내몰리기 쉬운 법이다. 이 위험한 상황에서 아퀴나스는 냉엄한 논리로 아리스토텔레스의 관점에서 기독교 교리를 다시 정립했다.

《대(對) 이교도 대전》, 《신학 대전》 같은 방대한 저술은 모두 이러한 논쟁을 거쳐 탄생했다. 그는 신앙과 교회의 거의 모든 문제를 다루었고 해결책을 제시했다. 아퀴나스는 정말 '가톨릭'이 '보편적'일 수 있는 이론적 토대를 만들었던 것이다. 더구나 그는 균형 감각이 뛰어났다. 교회와 세속 군주가 권력을 놓고 치열하게 다투던 그 시절, 어찌 보면 그들의 관계는 지금의 국회와 대통령의 관계와 비슷하다고 할 수 있다. 국회가 탄핵하면 대통령이 권력을 잃듯이, 교황이 파문(신도의 자격을 빼앗고 종파에서 내쫓음)하면 황제로서는 기독교인들인 신하들을 거느릴 권위를 잃게 된다. 반면, 대통령이 국회를 행정적인 힘으로 압박하듯, 황제도 교황을 경제나 군사적으로 위협할 수 있었다.

이 살얼음판 같은 권력 투쟁에서, 아퀴나스는 '중용'에 가까운 해결책을 내놓았다. 먼저 아퀴나스는 국가 쪽 손을 들어 주었다. 그에 따르면 인간은 본성적으로 사회적 동물이기에, 국가는 인간에게 자연스러운 것이다. 더구나 국가는 신이 내린 법, 곧 자연법에 따라 사람들을 다스려 행복으로 이끌어 준다. 그럼 교회는 어떨까? 교회는 국가보다 더 높은 곳에 위치한 신으로부터의 구원을 추구한다. 그러니 국가는 종교적 구원이나 신에 대한 문제에서는 교회에 복종해야 한다. 그렇다고 국가가 교회보다 못하다는 뜻은 아니다. 국가는 자연법에 따라 사회를 유지하고 사람들을 행복하게 하는 것만으로도 가치가 있다. 결국 국가와 교회는 대립한다기보다는 신을 향해 가는 서로 다른 두 길일 뿐이라는 것이다.

해결한 문제 수만큼 기적을 행한 것

21세기는 종교의 시대다. 1000년 전, 십자군 원정으로 상징되는 이슬람과 기독교의 갈등이 테러와의 전쟁이라는 새로운 형태로 반복되고 있다. 중세 전체로 볼 때, 기독교 사회는 이슬람 사회에 많은 빚을 졌다. 아랍 세계는 연금술·수학 등의 선진 문물을 유럽에 전해 주었다. 반면, 이슬람에서 성숙시킨 문명의 씨앗은 고대 그리스에서 왔다. 서구 세계와 이슬람 문명은 이처럼 역사 속에서 문화 자원을 주고받으며 성장해 왔던 것이다. 아리스토텔레스의 사상도 유럽에서 싹텄지만, 이를 1000년 가까이 보존하고 연구한 문명은 이슬람이었다. 그리고 이슬람

학자들에 의해 체계화된 아리스토텔레스는 유럽의 기독교 교회를 변화시켰다.

1323년, 아퀴나스는 성인의 반열에 올랐고 그때 교황 요한 22세(Johannes XXII, 1245?~1334)는 이렇게 말했다. "아퀴나스는 자신이 철학적으로 해결한 문제의 수만큼 기적을 행했다." 그렇다면 서로 갈등하며 공존해 왔던 두 문명을 화해시킬 기적을 행할 철학자는 이 시대에 없을까? 기독교와 이슬람을 화해시킬 공통의 코드는 무엇일까? 아퀴나스는 새로운 종교의 시대에 수많은 화두를 던져 주고 있다.

 더 읽어 봅시다!

- 토마스 아퀴나스의 《신학 대전》
- 박경숙의 《중세와 토마스 아퀴나스》

학자 중의 학자, 토마스 아퀴나스

끊임없는 논쟁의 결과로 만들어진 사상은 한 명의 독창적인 사상가의 머릿속에서 나온 철학보다 훨씬 파급력이 있다. 계속된 공격 속에서도 살아남았다는 사실은 그만큼 내세우는 사상이 설득력 있다는 반증이 될뿐더러, 공격과 방어 가운데서 이론은 오류를 수정해 가며 더욱더 완벽해지기 때문이다.

아퀴나스의 사상은 끝없는 반박과 재반박의 산물이었다. 그의 가장 위대한 작품으로는 《신학 대전》과 함께 《대 이교도 대전》이 꼽힌다. 두 작품은 비기독교인들이 던질 수 있는 모든 논박에 대해 답할 수 있을 만큼 엄청난 분량의 내용을 담고 있다. 강한 승부사 기질과 초인적인 지적 지구력이 없었다면 불가능했을 작품이다.

아퀴나스는 '황소'라는 별명이 딱 어울리는 우직한 학자였다. 한번은 프랑스 왕 루이 9세가 그를 잔치에 초대한 적이 있었다. 그에게 왕 곁에 앉는 '은전'이 베풀어졌는데도 '벙어리 황소'는 떠들썩한 잔치 내내 한마디도 하지 않았다. 그러다가 갑자기 벌떡 일어나 탁자를 꽝 내리치더니 "그렇다. 이것으로 마니교는 끝장났다!"고 외쳤다고 한다. 옆에 있던 수도원장이 그가 지금 어디에 있는지를 일깨워 주고 나서야 그는 사색에서 벗어나 눈앞의 현실로 돌아올 수 있었다. 아퀴나스의 집중력이 얼마나 뛰어났는지를 잘 알려 주는 일화다.

이랬던 그도 말년에 신을 깨닫는 신비로운 체험을 한 후, 자신의 지식은 지푸라기보다도 못하다고 고백하고는 집필 활동을 중단해 버렸다. 이후 그는 명상과 기도 속에서 삶을 보내다가 숨을 거뒀다. 명철한 이성의 탐구, 그러면서도 신앙과 절대적 진리에 순종하는 사유의 결말. 아퀴나스의 삶은 중세 학자의 전형적인 태도를 보여주는 모델이다.

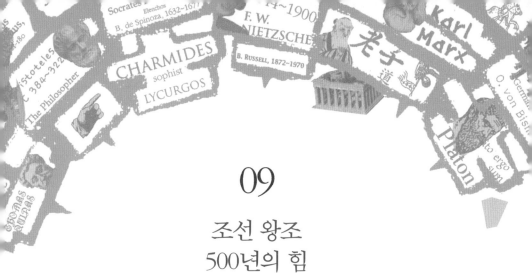

09

조선 왕조
500년의 힘

주자학

"이렇게 하지 않는 자는 사람이 아니다."
– 주자, 여섯 살 때 《효경》을 읽고 나무에 이 문구를 새기다.

주자학의 나라

우리나라 헌법의 첫 구절은 "대한민국은 민주 공화국이다."라는 선언이다. 반면, 북한 헌법은 "조선 민주주의 인민 공화국은 전체 조선 인민의 리익을 대표하는 자주적인 사회주의 국가이다."라는 문장으로 시작한다.

민주 공화국과 사회주의 국가. 이 두 단어는 우리 민족이 왜 남북으로 갈라졌는지, 그동안 목숨 건 체제 경쟁을 벌여야 했던 이유가 무엇이었는지를 한마디로 해명해 준다. 이같이 국가 정체성은 우리 생활에 심오한 영향을 미치는 요소다.

역사를 설명할 때도 국가 정체성은 중요한 단서가 된다. 언제 전쟁을 했는지, 무역은 누구와 어떻게 했는지 같은 시시콜콜한 내용으로 역사를 설명할 수도 있다. 그러나 이런 식으로는 나무만 볼 뿐, 숲은 볼 수 없다. 한 시대, 한 나라를 지배했던 국가 이념을 먼저 알고 나면, 그때 사람들이 왜 그렇게 행동할 수밖에 없었는지가 한눈에 들어온다.

이번에 살펴볼 주자학(朱子學)은 조선의 국가 철학이었다. 우리에게

철학, 역사를 만나다

조선은 역사 교과서 속에만 있는 나라가 아니다. 조선 시대의 윤리와 풍습은 우리 생활 곳곳에 자연스럽게 뿌리내려, 지금도 활발히 제 기능을 하고 있다. 주자학의 의미와 영향을 제대로 안다면 조선뿐 아니라 지금의 우리 자신도 깊이 이해할 수 있을 것이다.

신진 사대부의 통치 매뉴얼

주자학이 어떻게 조선의 국가 철학이 될 수 있었는지 알기 위해서는 먼저 고려 말의 상황부터 짚어 보아야 한다. 회사에 빗대어 보자면, 망해 가던 고려는 '족벌 세습 경영의 폐해가 갈 때까지 간 상황'이었다고 할 수 있다. 세습 귀족들이 주요 관직을 돌아가며 맡았고, 기득권이 굳어질 대로 굳어져서 어떤 개혁도 먹혀들지 않았다.

회사라면 이 경우에 어떤 조치를 취할 수 있을까? 무엇보다도 유능한 '전문 경영인'을 끌어들이는 것이 가장 좋은 방법이 아닐까 싶다. 고려 말의 신진 사대부(士大夫)들은 그 당시의 전문 경영인들이라 해도 틀리지 않다. 이들은 부모를 잘 만난 덕에 관료가 된 사람들이 아니라, 과거(科擧)로 실력을 인정받아 당당하게 관직에 들어온 사람들이었다.

이들이 보았던 과거는 유교 경전인 사서(四書), 곧《논어》·《대학》·《중용》·《맹자》에 담긴 공자의 가르침을 '시험 범위'로 하고 있었다. 그런데 유학은 중국 한(漢)나라 이후 국가의 운영 원리로 이미 굳어진 철학이었다. 유학의 기본이 되는 인자함(仁)과 예의 바름(禮)을 바탕으로 백성을 다스리라는 왕도 정치의 이념은 바로 통치 매뉴얼이기도 했다.

ⓒ국립중앙박물관

조선은 학문을 강조했던 국가로, 관료들 역시 주자학을 공부하여 과거에 합격한 사람들이었고 공부를 통해 사람됨의 도리를 알아야만 통치 계급으로 자리 잡을 수 있었다. 과거 시험장의 풍경을 그린 한시각(1621~?)의 〈북새선은도〉. (국립중앙박물관 소장 자료)

따라서 이 책들에는 지도자의 덕목과 역사적으로 일어났던 여러 '실무 사례'들이 담겨 있다. 그러니 신진 사대부들은 국가 경영에 대한 전문 지식은 물론, 국가를 개혁할 비전과 능력까지 갖춘 진정한 인재일 수밖에 없었다.

하지만 부패한 귀족들은 이들의 진출을 가로막았다. 그러자 고려에는 더 이상 희망이 없다고 생각한 신진 사대부들은 이성계(1335~1408)를 중심으로 마침내 쿠데타를 일으켜 국가를 뒤엎는 데 성공했다. 이들은 '조선'이라는 새로운 왕조를 세우고, 자신들의 전문 지식대로 새 나라를 꾸려 가려 했다. 그 전문 지식은 바로 유학, 그중에서도 '주자학'이었다.

권력은 지식에서 나온다

　그러면 주자학이란 무엇일까? 주자학은 한마디로 주자(朱子, 1130~1200)가 새롭게 해석한 유학이라 할 수 있다. 공자와 맹자의 말씀은 '자신을 누르고 예의에 맞게 행동하라〔克己復禮〕', '사람들에게 진심으로 대하고 늘 배려하라〔忠恕〕'처럼, 도덕 교과서에나 나올 법한 소박한 가르침에 지나지 않았다. 주자는 이를 철학적으로 훨씬 더 세련되게 다듬었다. 주자학에는 태극 이론, 음양(陰陽), 이기(理氣), 심성론(心性論) 등 어려운 용어가 많이 나온다. 이를 여기서 조목조목 풀어 설명할 필요는 없을 듯하다. 단지 주자가 이런 이론을 만든 이유는 '자연 과학과 심리학의 도움으로 도덕 이론을 더 정확하게 설명하기 위해서'였다는 정도만 이해하면 될 것이다.

　주자의 가르침 가운데 신진 사대부들의 마음을 사로잡았던 구절은 크게 두 가지다. 첫째는 위기지학(爲己之學)의 이념이다. 공부의 목적은 성인(聖人)이 되는 데 있지, 출세하여 부귀영화를 누리기 위함이 아니라는 뜻이다. 이러한 위기지학 정신은 신진 사대부들에게 큰 힘을 주었다. **음서(蔭敍)**로 권력을 얻던 귀족 자제들과 달리, 그들은 피나는 '공부'를 거쳐 관직에 들어선 자들이다. 위기지학의 이념에 따르면, 이들이야말로 자신의 인품을 갈고닦은 사람들이 아닌가!

　둘째는 주자가 강조한 격물치지(格物致知) 정신이다. 인격 수양을 위해서는 먼저 사물을 연구하고〔格物〕 세상 만물의 이치를 깨달아〔致知〕 무엇이 진정

음서　고려·조선 시대에 아버지나 할아버지가 관직 생활을 했거나 국가에 공훈을 세웠을 경우, 그 자손이 과거를 거치지 않고 관료가 될 수 있도록 한 제도. 고려 시대에는 공신과 종실의 자손, 5품 이상 고위 관료의 자손(아들·손자·사위·동생·조카 모두 포함)에게 음서의 혜택이 주어졌다.

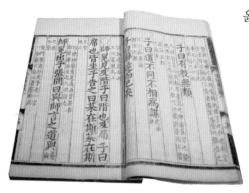
주자는 공자와 맹자의 가르침에 철학적인 기초를 놓아 유학을 체계적으로 정리하였다. 사진은 유교의 경전인 《논어》·《맹자》·《중용》·《대학》을 주석한 《사서집주》. (중국 산둥박물관 소장 자료)

옳고 그른지를 명확히 알아야 한다. 이때 사물을 연구한다는 것은 사실을 잘 관찰하고 분석한다는 의미가 아니다. 이미 공자와 맹자 같은 옛 성현들이 이런 작업을 완벽하게 해 놓았으므로, 후대 사람들은 이들이 남긴 글을 깊이 되새기기만 하면 된다.

그렇다면 공자의 말씀을 가장 깊고 넓게 알고 있었던 사람들은 누구일까? 다름 아닌 신진 사대부로, 이들은 과거를 보기 위해 공자의 말씀을 새기고 또 새겼다. 결국 격물치지란 바로 신진 사대부들이 우월한 자들임을 보여주는 핵심 이론이 되는 셈이다. 주자의 가르침은 이처럼 유학 사상으로 무장한 신진 사대부들의 사회 지도층이 되어야 함을 입증하는 강력한 근거가 되었다.

위화도 회군 1388년(고려 우왕 14년) 5월 명의 랴오둥(遼東) 정벌에 나선 우군 도통사 이성계가 압록강 하류에 있는 위화도에서 군사를 되돌린 사건을 말한다. 갑작스러운 사태에 최영은 회군해 오는 정벌군과 싸우려 했으나 얼마 뒤 이성계에게 붙잡혀 유배되었다가 죽임을 당하였고, 우왕은 강화도로 쫓겨났다. 이를 계기로 이성계는 정치적·군사적 권력을 한손에 잡아 조선 개국의 기반을 구축하게 된다.

500년을 지탱한 주자학의 힘

권력을 잡은 신진 사대부들은, 철저하게 주자학의 이상에 따라 나라를 다스렸다. 이 점은 이성계가 **위화도 회군**을 결심하면서 내세운 명분에도 잘 드러난다. 그는 명(明)나라를 칠 수 없는 이유 중 하나로, '작은 나라가 큰 나라의 뜻을 거스르는 일은 대의에 어긋남'을 내세웠다. 이는 민주주의에 익숙한 우리에게는 어처구니없는 사대주의적 발상이지만 주자학적 관점에서는 너무나도 당연한 주장이었다.

주자학의 세계에서 '자유와 평등'은 방종과 무질서에 다름 아니다. 세상은 도덕과 예절에 따라 질서가 잡혀 있어야 한다. 윗사람의 권위가 서 있어야 가정이 안정되듯, 세상은 중국을 중심으로〔中華〕위계가 잡혀 있어야 한다는 뜻이다. 앞서 든 예는 이처럼 서열을 강조하는 유교 문화가 외교 정책에서 그대로 나타난 것에 지나지 않는다.

주자학의 이념은 성문(城門)의 이름을 정하는 데도 반영되었다. 서울 동대문의 이름은 흥인문(興仁門), 서대문은 돈의문(敦義門), 남대문은 숭례문(崇禮門), 북대문은 홍지문(弘智門), 그리고 그 문을 열고 닫게 하던 종이 있는 자리는 보신각(普信閣)이다. 여기서 가운데 글자만 따보자. 인의예지신(仁義禮智信), 이는 곧 유교의 생활 원리인 오상(伍常, 사람으로서 마땅히 지켜야 할 다섯 가지 도리)을 가리킨다. 문 이름을 정할 때도 이 정도인 것을 보면, 군신유의(君臣有義, 임금과 신하의 도리는 의리에 있음), 장유유서(長幼有序, 어른과 어린이 사이에는 지켜야 할 차례가 있음) 등 유교 덕목이 생활에서 얼마나 깊이 뿌리내렸는지는 설명하지 않아도 알 것이다.

하지만 조선의 힘은 바로 이런

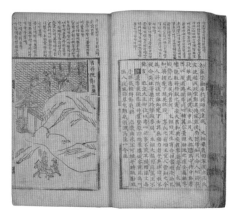

조선 시대에는 인 · 의 · 예 · 충 등의 유교 덕목이 생활 속 깊이 뿌리내렸다. 조선 전기 유교의 보급을 위해 편찬한 《삼강행실도》. (국립중앙박물관 소장 자료)

주자학의 정신에서 나왔다. 조선은 인류 역사상 그 어떤 나라보다도 학문을 강조했던 국가다. 앞서 설명한 격물치지의 이념대로 사대부들은 권력의 정당성이 학문에서 나온다고 생각했다. 따라서 아무리 힘이 세고 권력이 있어도, 공부를 통해 마음을 수양하지 못한 군주는 왕다운 왕으로 대접받지 못했다. 조선 시대의 왕들의 일상은 학자의 삶과 별반 다르지 않아서 왕의 일과 중 상당 부분은 독서 시간으로 정해져 있었다. 나아가 경연(經筵, 임금에게 유학의 경서를 강연하는 일) 등에서 자신의 학식을 끊임없이 신하들에게 입증해야 했다.

이 점은 관료들도 마찬가지였다. 이들은 주자가 쓴 사서에 대한 설명서인 《사서집주》를 공부하여 과거에 합격한 사람들이다. 이들이 통치계급일 수 있는 근거는 바로 이러한 공부를 통해 '사람됨의 도리'를 잘 알고 있다는 사실에 있었다. 그러니 이들이 권력을 지키기 위해서는 계속해서 수양하고 공부하는 수밖에 없었다.

조선의 권력은 왕과 신하 간의 끊임없는 견제와 균형 속에서 유지되었다. 건국 초기, 조선의 기틀을 세운 정도전(1342~1398)은 《경국대전》에서 재상의 역할을 유독 강조했다. 조선은 왕이라 해서 제멋대로 할 수 있는 나라가 아니었다. **사헌부·사간원** 등은 왕이 유교 이념에 맞게 행동하는지 항상 간섭했고, 사관(史官)은 왕의 행동 하나하나를 기록하고 잘잘못을 가렸다. 반면, 왕은 도덕적으로 옳지 못한 관리를 준엄하게 다스렸고, **홍문관·춘추관** 등의 학문 기관은 바람직한 국가의 이념을 계속해서 제시했다.

사헌부·사간원 사헌부는 관료에 대한 인사나 감찰 등을 맡아 보는 일을, 사간원은 임금에게 간(諫)하는 일을 하던 기관이다.

홍문관·춘추관 홍문관은 경서(經書)와 사기(史記)의 관리, 학문 연구, 왕의 자문에 응하는 일 등을 맡아보던 기관이며, 춘추관은 시정(時政), 곧, '그 시대의 정치'를 기록하는 일을 담당했던 기관이다.

끊임없이 자기를 발전시키도록 관료들을 강제하고, 투명하게 서로의 역할을 감시하는 사회. 이런 사회 구도에서는 부패와 무능력이 깃들 자리가 없다. 임진왜란, 병자호란 등 수많은 어려움에도 조선 왕조가 500년이 넘게 지탱될 수 있었던 데는, 이렇듯 주자학의 이상에 따른 권력 구도가 큰 몫을 했던 것이다.

타락하는 이상, 왕조의 붕괴

그러나 주자학은 통치 철학으로서 치명적인 결함을 안고 있었다. 학문과 인격 수양을 지나치게 중시하는 주자학적 태도는, 소모적인 당파 싸움의 원인이 되곤 했다. 따라서 조선 시대의 정치는 정책 대결보다는 명분 싸움으로 흐르는 경우가 많았다.

유학의 지식이란 엄밀히 말해서, 지도자의 품성에 대한 것이지 일상 실무에 대한 것은 아니다. 그러니 상대방이 정책적인 실수를 했다는 것보다는, 인격이나 예법에 문제가 있다는 점이 더 큰 공격거리가 되곤 했다. 선비의 소신은 정책보다 중요했다. 그러니 자신의 스승이 벌을 받

우리나라의 주자학은 퇴계 이황(1501~1570)과 율곡 이이에 이르러 완전한 이해를 넘어 독창적인 영역을 개척하는 단계에 이르렀다. 그림은 이황을 기리고 후학을 양성하기 위해 세운 도산서원의 정경을 그린 겸재 정선의 〈도산서원도(陶山書院圖)〉. (국립현대미술관 소장 자료)

으면 자신도 처벌받겠다고 나서는 일이 비일비재했고, 이런 상황에서 행정이나 정책이 제대로 돌아갈 리가 없었다.

게다가 '참다운 인간이 되기 위해 공부한다.'는 위기지학의 이념은 시간이 갈수록 화석처럼 굳어 갔다. 숱한 권력 투쟁 속에서, 유학의 수많은 명분들은 상대방을 공격하기 위한 수단이 되었다. 제사 등의 예식도 본래의 순수한 뜻을 잃어버리고 양반의 권위를 세우기 위한, 그래서 백성들을 옥죄기 위한 명분이 되어 버렸다. 지금도 어려운 전문용어나 까다로운 서류 양식으로 권위를 세우려는 행정 관료들이 많은 것처럼 말이다. 결국 조선 말기의 주자학적 이상은 어려운 한문으로 백성들을 주눅 들게 하거나, 정적(政敵)의 꼬투리를 잡기 위한 권력의 도구 그 이상도 이하도 아니었다.

게다가 왕권과 신권(臣權, 신하의 권리)의 조화라는 정치 구조도, 조선 후기에 와서는 제대로 기능하지 못했다. 몇몇 소수 가문이 권력을 틀어쥐고 세도정치를 펼치는 가운데, 위기지학의 이념도 격물치지의 정신도 설 자리를 잃고 말았다. 조선은 어느덧 그들이 500여 년 전 비판했던 고려의 모습과 닮아 있었고, 마침내 외세에 의해 숨을 거두고 말았다.

서구식 합리성의 대안이 될 수는 없나

인류 역사에서 500여 년의 세월을 견딘 나라는 흔치 않다. 게다가 조선은 마지막 순간까지도 국가로서의 온전한 형태를 유지하고 있었다.

주자학, 특히 그 근본이 되는 공자의 사상은 오늘날 수많은 비판의 대상이 되곤 한다. 그러나 공허하고 불합리하기만 한 이념이 500년 이상 국가를 지탱할 수는 없는 법이므로, 주자학은 나름대로 검증된 능력을 갖추고 있었다고 할 수 있다. 그렇기에 주자의 이상(理想)은 우리 생활 곳곳에서 일상의 예법, 제사 등으로 여전히 살아 숨 쉬고 있다.

서구식 합리성이 세계의 표준이 되어 가는 세상이다. 버릴 것은 버리고, 살릴 것은 살린다면 주자학은 21세기를 헤쳐 갈 동양인에 맞는 합리성을 우리에게 제시해 줄 수 있지 않을까? 500년을 버틴 힘과 경험은 앞으로 또 다른 500년을 설계할 수 있는 자산이 될 수도 있을 것이다.

 더 읽어 봅시다!

- 김교빈의 《한국 철학 에세이》
- 김우현의 《주자학, 조선, 한국》

성인(聖人) 주자의 인간적인 면모

주희(朱熹, 1130~1200)를 숭배하는 사람들은 그를 공자나 맹자 같은 성인의 반열에 있는 사람으로 보아 주자(朱者)라고 높여 부른다. 그러나 그의 삶은 결코 '바른 생활 사나이'의 그것이 아니었다. 기록으로 보면 '인간 주자'는 여느 사람들과 크게 다르지 않다.

그에게는 많은 자식들이 있었는데, 특히 장남 숙(塾)에 대한 애정은 각별했던 것 같다. 주희가 아들에게 보내는 훈계는 부모님이 우리 학생들에게 하는 잔소리와 많이 닮았다.

"…네가 만약 학문을 좋아하는 인간이었다면 집에서도 충분히 책을 읽고 공부할 수 있었을 것이다. …그러나 네게는 될 법한 일이 아니다…집에 있으면 잡다한 일에 빠져서 학문에 집중하지 못할 것이 뻔하고 부자간에 하루 종일 눈 부릅뜨고 호통 치기도 싫다…"

그토록 출세를 목적으로 한 '입시위주의 공부'를 하지 말라고 했던 주희였지만, 자기 아들만큼은 과거에 합격시키기 위해 일류 선생에게 보내어 '과외'까지 시켰던 흔적이 있다. 아들의 스승과 주고받은 수많은 편지의 내용 중 상당부분은 과거에 대한 것이기 때문이다.

유명한 《근사록(近思錄)》을 함께 편찬한 여동래가 그에게 '적을 만들어 승부하기를 좋아하고 온화한 기상이 부족하다'라고 충고한 편지가 남아있고 주희 스스로도 '나는 폭한(暴悍:성질이 사납고 급함)한 성격'이라고 인정한 적이 있는 점에서 볼 때, 그는 결코 성인군자 같은 온화한 성품을 지닌 사람이었던 것 같지도 않다. 게다가 그는 금주와 절주(節酒)를 결심하는 많은 글들을 남긴 점으로 보아 술도 매우 좋아했던 것 같다.

이처럼 많은 인간적인 결함을 보이고 있는 주희였지만 여전히 그는 성인으로 추앙받고 있다. 그 이유는 주희가 많은 한계와 단점을 지니고 있음에도 끊임없이 인격을 수양하며 끝까지 성인의 모습으로 살기 위해 노력했던 진정 도학자(道學者)다운 면모에서 찾을 수 있겠다. 유학이 내세우는 성인이란 결국, 실제 우리가 도달할 수 있는 모습이라기보다는 그것에 맞추어 끝없이 노력해야 할 삶의 기준과 같은 것이므로.

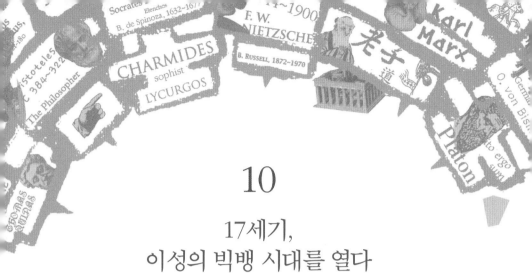

10

17세기,
이성의 빅뱅 시대를 열다

데카르트

"아주 유능하고 교활한 기만자가 있어 나를 철저하게 속인다고 해보자. ……
그가 마음껏 나를 속이게 해 보자.
그러나 내가 나 자신에 대해 생각하고 있는 동안은
내가 아무것도 아닌 것으로 만들 수는 없다.
따라서 나는 이렇게 결론 내릴 수밖에 없다.
나는 생각한다. 고로 존재한다(cogito ergo sum)."

– 데카르트의 《성찰》 중에서

데카르트, 신앙을 밀어내고 이성을 세우다

논리는 우리 시대 최고의 재판관이다. 정답을 놓고 논쟁이 벌어질 때면 가장 논리적인 쪽이 승리를 거둔다. 갈등이 생겼을 때도 그렇다. 사람들은 이치에 닿고 합리적인 주장에 손을 들어 주게 마련이다. 과학기술 분야로 가면 논리는 더더욱 중요해진다. 앞뒤가 정확히 들어맞지 않는 이론은 '비과학적인' 주장으로 치부되어 버리고 만다. 이처럼 이치에 맞음, 곧 합리성은 현대를 지배하는 가장 중요한 가치 기준이라 할 수 있다.

그러나 불과 100여 년 전만 해도 합리성은 지금같이 절대적인 잣대가 아니었다. 우리 조상들은 옛 관습과 성현들의 가르침을 논리보다 훨씬 더 중요하게 생각했다. 만약 누군가가 공자의 가르침을 읊고 있는 훈장에게 "그건 아닙니다. 이치로 따져 보자면……." 하고 반박한다면 '예의도 모르는 무례한 놈'이라며 단박에 회초리가 날아왔을 터였다.

서양이라고 크게 다를 게 없었다. 몇백 년 전까지만 해도 기독교가 지배하던 서양에서, 옳고 그름을 가리는 기준은 항상 '교회'에 있었다.

철학, 역사를 만나다

아무리 이치에 맞는다 해도 성경과 다르면 곧 틀린 주장이었다. 코페르니쿠스(Nicolaus Copernicus, 1473~1543) 이후 태양이 지구 주변을 도는 게 아니라 지구가 태양 주위를 돈다는 증거가 수도 없이 나왔지만, 그것이 인정되기까지는 수백 년의 세월이 필요했다. 진리의 기준이 성경에서 '이성'으로 넘어오고 나서야, 과학 기술은 비로소 '지식'으로 인정받을 수 있었던 것이다. 이번에 살펴볼 데카르트(René Descartes, 1596~1650)는 서양 문명에서 신앙 대신 이성을 진리의 잣대로 세운 철학자로 평가받고 있다.

거꾸로 선 진리의 나무

데카르트는 '시대가 인물을 만든다.'는 말이 잘 어울리는 사람이다. 영웅은 항상 혼란 속에서 태어난다. 사상의 영웅도 그렇다. 옛 질서는 무너졌지만 새로운 가치관은 아직 세워지지 않은 상황 가운데, 새 시대를 이끌어 나갈 이념을 제시하는 사람이 나타난다.

데카르트 당시 서양 1000년을 지배해 왔던 기독교의 권위는 크게 흔들리고 있었다. 오랜 세월을 거치며 썩을 대로 썩은 교회는 더 이상 존경을 받지 못했다. 종교 개혁으로 가톨릭과 개신교 진영으로 나누어진 기

데카르트는 서양 문명에서 신앙 대신 이성을 진리의 잣대로 세운 철학자로 평가되고 있다.

30년 전쟁 독일을 무대로 구교
도와 신교도 사이에 벌어진 종교
전쟁. 최대의 종교 전쟁으로 기
록되어 있는 이 전쟁은 독일의 제
후 국가 가운데 하나인 보헤미아
에서 일어난 칼뱅파 신교도들의
반란을 구교도인 독일 황제가 가
혹하게 탄압하면서 일어났다. 처
음에는 독일 내의 전쟁에 불과했
으나, 덴마크·스웨덴·프랑스 등
주변 국가들이 각기 독일에서의
세력 확장을 목표로 개입하면서
치열한 국제전의 양상을 띠게 되
었다.

독교는 급기야 30년 전쟁(1618~1648)이라는 엄청난
비극을 일으켜 사람들을 혼란과 고통 속으로 몰아
넣었다.

그리고 계속되는 탐험과 지리상의 발견은 성경의
권위를 더욱 의심하게 만들었다. 발전하는 과학 기
술은 세계의 모습이 성경대로 되어 있지 않다는 점
을 계속 확인시켜 주었던 것이다. 신앙은 신(神)에
대한 확고한 믿음에서 출발한다. 그러나 그 당시 사
람들이 무조건 신을 믿기에는 의심스러운 증거들이
한두 가지가 아니었다.

더구나 삶의 가치관도 크게 바뀌고 있었다. 지난 시대 가톨릭 교회의
주요 이론가인 토마스 아퀴나스는 인간의 지식을 정리해서 '진리의 나
무'를 그렸다. 나무의 맨 밑동은 자연학, 줄기는 수학과 철학 그리고 맨
위는 신학으로 되어 있었다. 모든 학문의 목적은 결국 신을 향해 있음
을 보여 주는 그림이었다.

반면 데카르트가 그린 그림은 정반대였다. 뿌리는 형이상학, 줄기
는 자연학, 그리고 의학 · 기계학 · 도덕학이 맨 위에 있는 커다란 세 개
의 가지를 이루었다. 이렇게 바뀐 진리의 나무는, 학문의 목적은 더 이
상 '천국'이 아니라 몸의 건강, 물질을 이용한 풍요로운 생활과 품위 있
는 삶에 있음을 확인시켜 주었다. 산업 생산량이 늘고 상업이 발달하던
시대, 데카르트의 진리의 나무는 점차 실용과 세속적인 삶에 눈뜨던 그
당시 사람들의 마음을 잘 보여 주는 것이었다.

나는 생각한다, 그러므로 존재한다

데카르트는 1637년에 쓴 《방법 서설》에서 이렇게 선언한다. 학문의 궁극적 목표는 구원을 받는 데 있는 것이 아니라, '인간이 자연의 주인이 되는 것'에 있다고. 기독교의 믿음은 신앙 고백에서 시작한다. 일단 신을 절대적으로 믿고 나서야 진정한 기독교인이 될 수 있다는 뜻이다. 그러나 데카르트는 정반대 방향에서 출발하여, 확실한 게 나올 때까지 무조건 의심하는 방법을 썼다. 이른바 '방법적 회의(懷疑)'가 그것이다.

사실 데카르트의 방식은 현대인에게 전혀 새로울 것이 없다. 동물을 수입할 경우, 수천 마리 가운데 단 한 마리에서라도 병원균이 검출된다면 모두 검역소를 통과할 수 없는 것이 현대 과학 문명의 논리다. 과학 이론도 마찬가지다. 999가지를 설명할 수 있어도 단 한 가지를 해명할 수 없다면 완전한 학설로 인정받지 못한다. 이처럼 데카르트의 방법적 회의는 지금 과학자들이 늘 쓰고 있는 방법과 그다지 다르지 않다.

데카르트는 한 치의 오차도 허용하지 않는 수학을 학문의 모델로 삼았다. 어떤 편견도 감히 존재할 수 없는 냉철한 이성과 논리의 학문인 수학에서 확실하고 엄밀한 학문의 모델을 보았기 때문이다. 그래서 수학같이 엄밀한 학문 체계를 세우기 위해 네 가지 학문 탐구 규칙을 세웠다. '첫째, 분명하게 참인 것만 받아들일 것. 둘째, 문제를 다루기 쉽도록 가능한 한 작은 부분으로 나누어 검토할 것(분할의 법칙). 셋째, 분석으로 밝혀진 단순한 진리에서 순서를 좇아 복잡한 것에 이를 것(종합의 법칙). 넷째, 혹시 빠뜨린 것이 없는지를 검토할 것'이 그것이다. 한마디로 세상 모든 것을 의심해 가장 확실한 것을 찾고, 이를 바탕으로 다시 세상에 대한 지식을 재구성하자는 뜻이다. 그렇다면 데카르트가 찾은, 세상에서 제일 확실한 지식은 무엇일까?

그것은 바로 "나는 생각한다. 그러므로 존재한다(라틴 어로 'cogito ergo sum')."라는 사실이다. 따지고 보면, 세상의 어떤 것도 모두 의심을 할 수 있다. '2+3=5'처럼 당연한 듯한 계산식에도 의문을 품어 볼 수 있다. '원래는 2+3=7'인데, 악마가 답을 착각하게 만들어 내가 5라고 생각하는 건 아닐까?' 하고 말이다. 그러나 아무리 해도 "나는 생각한다. 그러므로 존재한다."라는 말 자체는 절대로 의심할 수 없다. 지금 내가 의심하고 있다면 생각하고 있는 것일 테고, 그러면 적어도 '생각하는 나'는 있어야 하지 않겠는가?

시대를 바꾼 철학자의 어이없는 죽음

"나는 생각한다. 그러므로 존재한다."라는 단순한 문장은 서양 철학 사상 가장 커다란 혁명을 가져왔다. 사람들은 그전까지 확실성의 근거를 신에게서 찾았다. 신은 의심해서는 '안 되는' 절대 지식이었다. 그러나 이제는 '내'가 생각함, 곧 인간의 이성이 확실성의 근거가 되었다. 이는 무엇이 옳고 그른지를 가리는 기준이 더 이상 신에게 있지 않고 인간에게 있다는 의미나 마찬가지다. 신이 독점했던 지혜의 권위를 인간이 빼앗은 것이다! 이제 인간은 성경에 의존하지 않고도 스스로 무엇이 옳고 그른지를 가릴 수 있는 존재로 우뚝 서게 되었다.

데카르트는 세상을 뒤집는 혁명적인 발상을 내놓았지만, 여기에 목

신의 존재를 의심하는 이론과 주장은 종교재판에서 이단으로 몰리기 일쑤였고, 많은 사람 앞에서 신문을 받았다. (프란시스코 고야, 〈종교재판소〉)

숨을 걸 생각은 전혀 없었다. 그는 뛰어난 학자였지만 사회적으로는 한량과 다름없는 소심한 신사에 지나지 않았다. 이때는 종교재판에서 이단으로 몰리면 화형대에 올라 불타 죽어야 했던 시대다. 그는 갈릴레이(Galileo Galilei, 1564~1642)가 지동설을 발표했다가 곤욕을 치렀다는 사실을 잘 알고 있었다. 그래서 《방법 서설》처럼 자신의 주된 사상이 담겨 있는 책들은 모두 이름을 감추고 출간했다.

거기다 그는 《성찰》의 서문에서 자신의 작업은 믿음에 의존하지 않은 채 하느님의 존재를 증명하려는 시도에 지나지 않는다며 장황하게 변명하고 있다. 시키지도 않는 해명을 스스로 하고 있는 셈이다.

하지만 그 당시 최고의 학자 집단이기도 했던 수도승과 신부들이 데카르트 사상이 지닌 위험성을 모를 리 없었다. 데카르트는 곧 위험한 사상가로 지목받게 되었고, 그의 책들은 금서로 지정되었다. 그 이전부터 데카르트는 네덜란드에서 21년간이나 은둔하듯 살았다. 지금도 소수자에게 관대하기로 유명한 네덜란드는 그 당시에도 학문의 자유를 가장 잘 허용해 주던 곳이기 때문이다. 하지만 네덜란드조차 데카르트에게는 점점 위험한 장소가 되어 가고 있었다.

1649년, 스웨덴의 여왕 크리스티나(A. Christina, 1626~1689)가 명성을 얻고 있던 데카르트를 자신의 철학 과외 선생으로 초청했다. 사실 그는 '얼음 바위와 곰뿐인 나라'로 여겨지던 스웨덴으로 가고 싶은 생각이 없었던 듯하다. 하지만 쫓기고 있던 그의 처지로서는 확실하게 신변이 보장되는 여왕의 가정교사 직을 거절하기란 쉽지 않았을 것이다.

하지만 어이없게도 데카르트는 초청된 지 1년 만에 숨을 거두고 말았다. 허약했던 그는 오전 11시까지 늦잠을 자던 버릇이 있었다. 그러나 여왕은 맑은 정신으로 공부하기 위해 그에게 새벽 5시부터 철학을

어린 시절부터 당대의 지식인들과 이야기 나누는 것을 좋아하던 크리스티나 여왕은 23세 때 데카르트를 스웨덴으로 초청했다. (닐스 포르스베리, 〈토론하는 크리스티나 여왕과 데카르트〉)

가르쳐 줄 것을 부탁했다. 북국의 차디찬 새벽 공기는 가뜩이나 몸이 약한 데카르트에게는 치명적인 영향을 미쳐서, 그는 얼마 못 가 폐렴에 걸리고 말았다. 한 시대를 바꾼 철학자였지만 그의 처신은 시종일관 소심했고, 죽음은 이처럼 어처구니없기까지 했다.

뼈와 살이 없는 이성, 그 뒤는?

데카르트의 철학은 그가 세상을 떠난 지 50년도 채 안 되어 유럽을 평정하다시피 했다. 문학과 역사보다 수학을, 시(詩)나 사상보다 과학교육을 중시하기 시작한 현상은 그의 영향이 크다고 보아도 좋을 것이다. 한 시대를 풍미하는 히트 상품은 시대 경향을 정확하게 읽었을 때 탄생하는 법이다. 데카르트의 사상은 교회의 굴레를 벗어나 새로운 세상을 구성하려는 그 당시 사람들의 감성에 딱 맞는 철학이 아니었을까 싶다.

데카르트의 철학은 그 뒤 스피노자(Baruch de Spinoza, 1632~1677), 라이프니츠(Gottfried W. Leibniz, 1646~1716)로 이어지는 대륙 합리론이라는 커다란 학파를 낳았다. 합리론이란 모든 중심에 인간의 이성을 두고 논리적인 해결 방안을 찾는 학파를 말한다. 한편, 영국에서는 베이컨 (Francis Bacon, 1561~1626) 등을 중심으로 관찰과 실험을 중시하는 학풍이 일고 있었다. 학자들은 이들의 사상을 영국 경험론이라고 부른다. 대륙 합리론과 영국 경험론은 17

합리론의 대표 철학자인 스피노자.

세기 이후 서양의 근대를 지배한 양대 철학이었다. 경험과 이성을 지지하는 두 학파는 과학 기술이 성경의 굴레를 벗고 발전하는 데 큰 영향을 끼쳤다.

데카르트 이후 서양 300년 역사는 '이성이 지배하는 시대'였다 해도 지나친 말이 아니다. 합리주의의 논리는 그 어떤 것보다 앞서는 제일의 가치가 되었다. 그렇지만 현대에 와서 이성과 논리는 또다시 비판받고 있다. 세상일은 이성만으로 냉철하게 해결할 수 있는 게 아니기 때문이다.

그런데 이성을 강조한 것은 역사상 데카르트가 처음은 아니었다. 아리스토텔레스는 이미 고대 그리스 시대에 인간은 '이성적 동물'이라고 선언한 바 있다. 고대 그리스 시대에 인간은 이성뿐 아니라 풍부한 감성도 갖추고 있었다. 그러나 데카르트가 추구한 이성에는 뼈와 살이 없다. 수학처럼 엄밀하고 정확하나 일말의 동정도 감정도 없는 차디찬 이성이라는 뜻이다. 이것이 데카르트적 합리성이 지닌 한계라고 할 수 있겠다. 현대 과학이 띠고 있는 무미건조한 색채는 데카르트가 생각했던 건조한 이성에서 비롯된 면도 없지 않다.

21세기 문명은 이제 이성을 넘어 감성이 대접받는 시대로 다시금 가고 있다. 데카르트가 맹목적인 광신적 믿음에서 냉철한 이성을 구해 냈다면, 그 이성에 따뜻한 가슴까지 줄 수 있는 철학은 어디에 있는 것일까? 우리 시대에는 그런 철학이 필요하다.

📚 **더 읽어 봅시다!**

- 데카르트의 《방법 서설》·《성찰》
- 강영안의 《강교수의 철학이야기》

모더니즘과 포스트모더니즘

　데카르트는 모더니즘(modernism) 사조의 원조 격이라 할 수 있다. 모더니즘은 합리적이고 이성적인 사고, 그리고 인간 중심의 생각을 특징으로 한다. 모두 데카르트 철학이 지향했던 것들이다. 서양 근대 문명은 그 자체가 바로 모더니즘의 구현이다. 합리적인 과학이 모든 풍습과 미신을 대신했고 인간은 자연의 지배자이자 세계의 중심으로 여겨졌다.

　반면, 포스트모더니즘은 말 그대로 모더니즘의 특징을 뒤로하고(post) 나타난 사조다. 포스트모더니즘은 모더니즘이 소홀히 했던 감성을 부활시켰다. 모더니즘의 기치 하에서는 합리적이고 냉철한 사람을 이상적으로 보았지만, 포스트모더니즘은 인간의 감성에 주목한다. 감성은 불합리한 것으로 제거해야 할 대상이 아니라 오히려 이성보다 더 소중한 것이다. 더구나 포스트모더니즘은 인간 중심으로 세상을 해석하는 것을 거부한다. 탈(脫)중심, 탈이성적 사고. 포스트모더니즘의 특징은 이 두 마디로 요약할 수 있겠다.

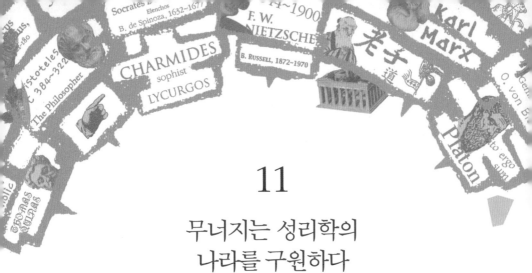

11

무너지는 성리학의
나라를 구원하다

실학

"군주는 나라에 의지하고, 나라는 백성에 의지하며, 왕은 백성을 하늘로 삼고, 백성은
먹는 것(경제)을 하늘로 삼는다?"
– 율곡 이이의 《성학집요》 중에서

이념 국가의 빛과 그늘

북한은 참 이해하기 힘든 나라다. 그네들이 기댔던 소련 등 사회주의 국가들은 무너진 지 오래다. 중국 또한 이제는 무늬만 사회주의일 뿐, 그 체질은 자본주의와 다르지 않다. 그럼에도 북한은 사회주의를 포기하기는커녕 '우리식 사회주의'를 되레 소리 높여 외치고 있다. 매년 수십만 명이 굶어 죽는 상황에서도 그쪽 지도자들은 눈 하나 깜짝이지 않는다. 국제 외교에 있어서도 실리보다는 명분을 앞세워 당사자들을 당황하게 하기 일쑤다. 그럼에도 그네들의 체제는 좀처럼 흔들릴 줄 모른다. 미개한 경제, 부패한 관료와 최악의 인권 상황에 비추어 볼 때 국가 붕괴가 당연해 보이는 데도 말이다. 불가사의한 일이 아닐 수 없다.

사실 17세기 조선은 지금의 북한의 모습과 꼭 닮은 꼴이었다. 명나라가 무너진 이후, 조선은 의지할 만한 이웃이 없었다. 그럼에도 현실의 강자(強者)로 떠오른 청(淸)을 인정하려 들지 않았다. '만주 오랑캐가 세운 나라'이기 때문이었단다. 오히려 명나라가 사라진 이상 이제는 우리가 중화(中華)의 본류(本流)라며 '소중화(小中華)'의 기치를 높이 올

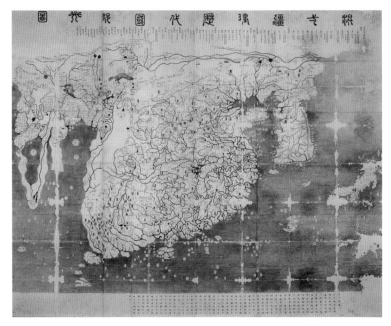

동양에서 가장 오래된[最古] 지도인 〈혼일강리역대국도지도〉에는 '중화사상'과 '소중화사상'이 반영되어 중국과 조선의 모습이 크게 그려져 있다. (김사형, 이무, 이회 등 〈혼일강리역대국도지도〉)

렸다. 임진왜란, 병자호란 끝에 국가 경제는 말이 아니었다. 수십만 명이 굶어 죽는 상황에서도 조정(朝廷)은 '임금이 돌아가셨을 때 상복을 몇 년간 입느냐' 등등의 명분 논쟁으로 날을 지새우곤 했다. 무너진 경제, 거듭된 민란(民亂), 부패한 관료 등등으로 볼 때 붕괴가 당연해 보였는데도 그 후로도 조선은 무려 300여 년을 더 살아남았다. 불가사의한 일이 아닐 수 없다.

이 두 개의 조선(북한의 공식 명칭은 '조선' 민주주의 인민 공화국이다.)의 '버티기 능력'은 사실 똑같은 이유에서 비롯된다. 그것은 바로 '이념'이다. 조선 민주주의 인민 공화국은 주체사상이라는 이념이 그 어떤 가치보다 우선하는 나라이고, 조선은 성리학이라는 국가 철학이 모든 것을 설명해 줄 수 있는 나라였다. 분명한 목표와 강한 정신력은 어떤 고난도 이겨내는 힘이 된다. 반면, 이념의 강조는 때로 현실 생활에 있어 터무니없는 집착과 손해를 가져오기도 한다. 따지고 보면 두 조선의 모든 문제는 여기서부터 시작되었다.

성리학, 개혁에서 수구(守舊) 이념으로

조선은 이념으로 세운 나라다. 고려를 무너뜨린 신진 사대부들의 명분은 '인(仁)과 예(禮)가 바로 선 나라 만들기'였다. '도덕 정치'를 자신들의 집권 이념으로 세웠던 것이다. 주자가 만든 성리학은 이들에게 딱 어울리는 철학이었다.

성리학은 공자의 가르침을 학문적으로 세련되게 만든 철학이다. 참된 인간성은 세상에 대한 정확한 공부와 앎에서 나온다(格物致知). 그리고 끊임없이 마음을 수양하고 갈고닦은 사람이 자신과 집안, 나아가 나라를 올곧고 평안하게 만든다(修身齊家治國平天下).

신진 사대부들은 고려 말 집권 세력에 비해 가진 재산도 없었고 권력도 없었다. 이들에게 있는 것이라곤 '지식'뿐이었다. 돈도 '빽'도 없는 이들이 집권을 하는 데 성리학은 훌륭한 근거를 마련해 주었다. 성리학의 이상(理想)에 따르면 세상을 지배해야 하는 이들은 힘센 자도 돈 많은 자도 아니었다. 세상은 부단한 공부를 통해 삶의 이치와 도덕을 제대로 알고 있는 사람이 다스려야 한다. 이런 사람이란 바로 신진 사대

왕조의 실록을 꼼꼼하게 기록한 《조선왕조실록》은 전세계적으로도 유례가 없는 기록 유산이다. 사진은 《조선왕조실록》 오대산사고본. (문화재청 소장 자료)

부들이 아니겠는가?

때문에 조선은 처음부터 학자가 곧 관료였고, 관료가 곧 학자인 사회였다. 붕당(朋黨, 지금의 정당)은 곧 학파이기도 했다. 도덕성이 강조되었기에 제아무리 왕이라 해도 함부로 권력을 휘두르지 못했다. 사관들은 왕이 아무데서나 소변보았다는 사소한 것까지 기록할 정도로 생활 하나하나를 감시했고, 왕이 보는 모든 문서 또한 신하들에게 공개하게끔 되어 있었다. 왕이 이 정도였으니 그 밑에 관료들은 말할 필요도 없겠다. 한마디로 제도만 놓고 보았을 때는 도저히 썩으려야 썩을 수가 없었던 사회가 조선이었다. 500년 조선 왕조의 힘은 여기서 비롯되었다고 할 수 있겠다.

그러나 도덕만으로 삶의 문제를 해결할 수는 없다. 성리학은 참된 인간이 되기 위한 학문이었을 뿐, 먹고사는 문제에 대한 답을 주지는 못했다. 성리학은 끊임없이 공허한 논란을 불러일으키곤 했다. 도덕군자들이 모인 관료 사회라 해서 경쟁이 없을 리는 없다. 이네들이 정책으로 대결을 벌일 때는 큰 문제가 없다. 이는 선의의 대결이므로 바람직한 안을 찾는 가운데 이익이 백성들에게 돌아가기 때문이다. 그러나 명분과 대의(大義)를 놓고 싸우기 시작하면 실리(實利)는 어느덧 증발해 버리기 일쑤다.

조선 시대 관료들은 정책이 얼마나 효율적인지보다 주자의 가르침과 얼마만큼 일치하는지를 놓고 다퉜다. 더구나 아무리 도덕군자라 해도 굶고서는 못사는 법이다. 양반은 점점 늘었고 관직을 차지하기는 더욱 어려워졌다. 자리를 만들기 위해서는 누구를 밀어내야 했다. 정책에 실패한 관료는 용인될 수 있어도 주자의 가르침에 소홀한 선비는 결단코 용서받을 수 없다. 이게 조선의 분위기였다. 당연히 다툼은 누가 더 주자의 예법(禮法)에 충실한가를 놓고 벌어졌다. 당쟁은 점점 소모적인 방향으로 흘러갔다. 조문(弔問)을 했는지 안 했는지, 상복을 몇 년 입었는지 하는 '사소한' 사안들은 목숨까지 앗아갈 정도의 문제가 되어 버리곤 했다. 성리학의 높은 도덕성은 어느덧 상대를 공격하기 위한 빌미와 수단으로 변질되어 버렸던 것이다.

아버지가 자식을 버리는 나라

이런 가운데 16, 17세기의 임진왜란, 병자호란은 조선 지도층의 도덕성에 결정적인 상처를 입혔다. 유학의 이상은 군사부일체(君師父一體)다. 임금과 스승과 부모는 같다는 뜻이다. 그러나 임금이라는 부모는 왜군이 쳐들어오자 백성들을 버리고 먼저 도망쳐 버렸다. 자식을 버렸던 부모가 돌아와서 도대체 무슨 말을 할 수 있었겠는가!

더욱이 병자호란은 이념이 만든 인재(人災)였다. 당연히 피할 수 있었던 전쟁이었음에도, 조선 사대부들은 오랑캐에게 굴복할 수 없다는 명분에 집착하여 수많은 백성들을 죽음으로 몰아넣었다. 국가 이념인 성리학의 한계는 두 번의 전쟁을 통해 분명해졌다.

그런데도 집권 계층은 정신을 못 차렸다. 그들을 불신하기 시작한 백성들을 이제는 '예의도 모르는 무식한 놈들'로 몰아붙였다. 이른바 예학(禮學)이 본격화된 것은 이때부터다. 사대부들의 제사나 격식은 무척이나 까다롭다. 상놈들은 이런 것을 모르기에 '예의를 제대로 아는' 양반들의 지배를 받아야 한다. 예학이 강조된 데에는 이런 식의 논리가 깔려 있다고 하겠다.

하지만 손바닥으로 하늘을 가릴 수는 없다. 사회는 이미 변하고 있

임진왜란 당시 선조(1552~1608)는 백성들을 버리고 피난을 떠났다. 그러나 백성들은 적극적으로 전투에 참가하였고, 행주대첩은 관민이 하나 되어 대승을 거둘 수 있었다. 그림은 민속화 〈행주대첩도〉. (문화재청 소장 자료)

었다. 이모작이 도입되자 농업 생산량은 크게 늘었고, 농민들 중에서도 재벌에 가까운 부농(富農)들이 생겨났다. 반면, 양반 중에는 소작농보다 못한 처지에 있는 자들이 속출했다. 부농들은 실질적인 지배층이었지만 지도층은 될 수 없었다. 사대부들의 지배를 정당화하는 이념이었던 성리학은 이네들의 위치를 무엇으로 설명해 줄 수 있을 것인가? 나아가 **대동법(大同法)** 시행 이후 상공업이 크게 발달했지만 조선의 사대부들은 이에 대한 지식이 없었다. 전반적인 사회의 생산력은 점점 늘어나고 있었지만, 성리학으로 몸이 굳을 대로 굳은 정부와 관료는 변화를 따라가지 못했다.

> **대동법** 조선 초기에는 왕실에서 필요한 공물을 지정하여 바치게 하는 '공납 제도'가 시행되었다. 이것이 조선 후기 광해군 대에 이르러 모든 세금을 쌀로 통일하여 바치게 하는 것으로 바뀌었다. 왕실은 그 쌀을 '공인'에게 지급해서 필요한 물품을 사들인 후 진상케 했고, 그로 인해 상공업이 발달하게 되었다.

　모든 사상은 한 시대의 절실한 필요 속에서 태어나곤 한다. 17세기의 조선은 이제 성리학을 대신할 새로운 사상을 요청하고 있었다. 실학(實學)은 이런 배경 속에서 탄생했다.

오랑캐라도 스승으로 삼아야 한다

　추사 김정희(1786~1856)는 실학의 의미를 실사구시(實事求是)라는 말에서 찾는다. 한마디로 실학은 명분보다는 실생활에서 해답을 구하는 학문이다. 이들의 선조(先祖) 격인 율곡 이이(1536~1584)는 이렇게 말했다.

"백성들을 잘 먹이고 편안하게 한 후에야, 비로소 교화시킬 수 있다〔養民 然後 可施敎化〕."

먹고사는 문제가 우선이라는 뜻이다. 더욱이 17세기 이후에는 서양의 발전한 학문이 서학(西學)이라는 이름으로 중국에서 많이 수입되었다. 당시 선비들 사이에서 서학은 유행처럼 퍼져 나갔다. 외교 사절로 북경에 갈 때면, 젊은 선비들이 성당에 들러 서양 선교사들에게 책에서 봤던 천문, 지리 등의 지식을 물어보는 게 이상하지 않은 분위기였다고 한다. 이들이 가르쳐 준 역학(易學)이나 천문은 농사와 직접 연관되는 지식이었다. 더구나 과학기술은 호기심 차원을 넘어서 삶의 질을 개선하는 데 꼭 필요한 사항들이다.

김정희는 사실에 입각하여 진리와 진상을 탐구하는 '실사구시론'에 몰두했다.

그러나 서양 학문에 관심을 가졌던 이들은 주로 권력에서 소외된 사람들이 많았다. 당파 싸움이 심해질 대로 심해진 상황, 급기야는 극소수 집안 출신들만이 관직에 나갈 수 있을 정도였다. "백 세대가 흘러도 관직에 나갈 수 없는 현실에서" 주자학 통치 이념은 이네들에게 희망이 될 수 없었다. 그들은 당연히 새로운 이념에서 희망을 찾았다. 서학은 이들의 공허한 영혼에 빛을 주는 사상이었다. 서학과 함께 묻어 온 천주교가 널리 퍼진 것도 이 무렵이다. 실학자들 중에 유독 천주교 신자들이 많은 이유도 이로써 설명될 수 있겠다.

　나아가 실학자들은 토지 문제에 관심이 많았다. 권력과 거리가 멀었던 실학자들 대부분은 향토(鄕土)에 머무르면서 백성들의 고통을 눈으로 직접 보고 체험한 사람들이다. 토지는 점점 더 부유한 자들에게 집중되고 있었다. 땅을 잃은 농민들은 노비로 전락해 버렸고 이는 세금을 낼 백성과 군대에 갈 장정이 줄어듦을 의미했다. 가진 자들은 모든 부담을 교묘하게 빠져나갔다. 부동산 문제가 심각해질수록 중산층이 무너지고 있는 우리 현실과 꼭 닮은 꼴이다.

　실학의 비조(鼻祖) 격인 유형원(1622~1673)과 이익(1681~1763) 등은 토지 문제에 대한 해답을 찾는 데 많은 노력을 기울였다. 훗날 학자들은 이들을 가리켜 '경세치용(經世致用)'학파라고 부른다. 농업을 국가 경제의 근본으로 보고 농민에 대한 문제를 우선 해결하려고 했기 때문에 붙여진 이름이다.

　반면, 북경에 갔다 온 경험과 선진문물과의 접촉을 통해 공업기술의 위력을 농업만큼이나 중시했던 학자들도 있었다. '북학파(北學派)'인 홍대용(1731~1783), 박지원(1737~1805), 박제가(1750~1805) 등이 그들이다. 이들을 학자들은 '이용후생(利用厚生)'학파로 분류한다. 상공업을 통해 삶의 질 향상에 주목했기 때문이다. 박지원은 《열하일기(熱河日記)》에서 당시 관점으로는 파격적인 말도 서슴지 않는다.

박지원은 북경을 다녀온 뒤 청나라의 신문물과 우수한 제도를 본받아 상공업을 중시하는 중상주의(重商主義)를 주장했다.

11 무너지는 성리학의 나라를 구원하다

"국가에 이로운 것이라면 그 법이 이적(夷狄, 오랑캐)에서 나왔다 해도 꼭 취해야 한다."

이상에 희생된 경제, 경제가 망쳐 놓은 이상

그러나 실학자들의 현실 개혁론은 상상에 그칠 수밖에 없었다. 그들에게는 사회를 변혁할 만한 힘이 없었다. 주도권을 잡고 있던 이들은 모두 성리학 신봉자들이었다. 기득권을 가진 자들이 구태여 나서서 현실을 변혁할 이유가 있을까?

또한, 실학의 중요한 동기가 되었던 서학은 당쟁 가운데서 '주자의 올바른 학문[正學]을 흐리는 사악한 학문[邪學]'으로 규정되어 천주교와 함께 혹독한 처벌을 받았다. 이런 와중에 다산 정약용(1762~1836)과 같은 유능한 실학자들은 모두 정치 일선에서 제거되어 버렸다.

모든 변화의 가능성을 잃어버린 주자학의 나라 조선은 결국 1905년, 마침내 일본 제국주의에 의해 가늘고 모질게 이어 왔던 생명줄을 놓아버리고 말았다. 해방 이후 남한 사회는 이념에 집착했던 조선의 500년 역사와는 전혀 다른 길을 걸어가고 있다. 한마디로 우리는 실리(實利)가 모든 것을 정당화해 주는 문화 속에서 살고 있다. 명분을 잃은 정치가는 비난받을 뿐이지만 경제를 망친 정치가는 용서받을 수 없다. 이게 21세기 대한민국의 분위기다. 하지만 명분과 도덕은 사회를 썩지 않게 하는 '소금'이다. 돈이 아무리 많다고 해도 도덕과 윤리가 올곧게 서지 않은 집안은 오래지 않아 주저앉게 마련이다. 국가도 그렇다.

우리는 실학자들이 실리를 중시하기 했지만, 어디까지나 개인의 도덕성과 인격 수양을 앞세웠던 유학자였음을 잊어선 안 된다. 그들은 "자기를 갈고닦아 백성들을 올바로 이끈다."라는 성리학의 수기치인(修己治人)의 이상을 누구도 놓지 않았다. 다만, '다스림[治人]'에 있어서 실리를 통해 도덕을 살리는 방안을 썼을 뿐이다.

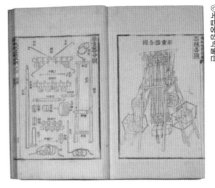

농업을 중시한 실학자 정약용은 수원 화성을 건축할 때 도르래를 만든 뒤 거중기를 고안하였다. 사진은 《화성성역의궤》에 실린 거중기 설계도. (국립중앙박물관 소장 자료)

'도덕 경영'이 중시되는 요즈음 남한 사회에서 '실리를 강조하는 도덕군자'였던 실학자들은 훌륭한 멘토(mentor)가 될 수 있겠다. 명분으로 경제를 망치고 있는 북한에 있어서도 실학자들은 훌륭한 '개혁 모델'임은 두말할 필요도 없다.

📚 더 읽어 봅시다!

- 임부연의 《정약용 & 최한기: 실학에 길을 묻다》
- 한국철학사연구회의 《한국실학사상사》

조선 실학과 정약용의 삶

원래 성리학은 현실적인 학문이었다. 고려 말, 성리학을 이 땅에 '수입'한 안향(安珦, 1243~1306)은 이렇게 말한다.

> "……성인의 도(道)는 일용(日用: 날마다 현실에 적용하는) 논리일 뿐이다. 저 불교신자들은 부모를 버리고 가정을 떠나서 인간 윤리를 없애고 도의를 저버리니 오랑캐의 한 종류다."

고려는 불교의 나라였다. 불교는 현실을 버리고 깨달음을 좇으라고 이른다. 반면, 공자의 유교는 현실을 잘 가꾸라고 가르친다. 예법은 그 자체로 중요한 게 아니었다. 살림살이를 튼실하게 하기 위해 예의와 법도가 중요했을 뿐이었다. 무릇 학문이란 "현실에 통해야 하며 유용해야 한다!"

실학(實學)은 이런 유학의 본래 가르침에 충실하려 하는 움직임이었다. 실학은 실사구시(實事求是)라는 말에서 왔다. '사실에 바탕을 두고 진리를 탐구한다.'는 뜻이다. 이는 원래 청나라 때 고증학(考證學)의 모토(motto)였다. 고증학자들은 구체적인 증거를 따져서 공자, 맹자 같은 성현들이 진짜 한 말을 찾아 그들의 본래 마음을 새기려 했다. 뜬구름 잡는 소리들과 쓸데없이 복잡한 온갖 논쟁을 잠재우기 위해서였다.

조선의 실학은 여기서 한 걸음 더 나아간다. 역사학자 최익한에 따르면, 우리의 실학은 경세(經世)를 위한 학문이다. 살림살이를 나아지게 하는 학문이라는 뜻이다. 실학을 따르는 이들은 학문의 가치, 정치의 성패는 백성들의 삶이 나아졌는지에 따라 갈려야 한다고 믿었다. 유형원, 이익, 홍대용, 박지원, 정약용 같은 학자들은 우리나라 실학의 대표 격이다.

이 가운데서도 다산(茶山) 정약용(丁若鏞, 1762~1836)은 단연 눈에 띈다. 그는 500여 권 넘게 책을 썼다. 철학, 문학에서 지리, 역사, 의학에 이르기까지, 그의 관심사는 끝이 없었다. 다산을 '실학을 집대성한 사람'으로 꼽는 이유다.

게다가 다산은 철저히 '현장 중심'이었다. 36세 때 그는, 황해도 곡산(谷山)의 부사가 된다. 민란(民亂)이 끊이지 않던 곡산은 관료들의 기피지역이었다. 다산이 부임해 올 때, 한 사람이 그 앞에서 탄원서를 던진다. 그는 민중소요를 이끌었다는 이유로 '현상수배'된 인물이었다. 관리들은 그를 체포하려 했다.

그러나 다산은 '쿨'하게 그를 풀어준다. "관리들이 민생에 밝지 못한 까닭은 백성들과 대화하지 않기 때문이다. 그대같이 형벌을 겁내지 않고 관료와 논쟁하려는 이들은 무척 소중한 존재다. 나는 그대를 천금을 주고 사려 한다."

다산은 소통의 중요성을 절절하게 깨닫고 있었다. 또한, 그의 펼친 행정은 단순명료했다. 그는 널리 퍼진 비리를 '행정 절차 간소화'로 바로잡았다. 그는 세금으로 내던 베를 재는 잣대부터 통일시켰다. 여러 번 내던 자잘한 세금도 하나로 합쳐버렸다. 서류도 단순하게 했다. 그는 호구조사양식인 '가좌표(家坐表)'를 새로 만들었다. 식솔 수에서 재산 수준, 직업까지 한 눈에 들어오게끔 말이다. 서류가 단순 명확해지니, 비리도 스러졌다. 그는 불과 2년 만에 곡산의 생활수준을 '집집마다 송아지 한 마리씩을 새로 들여놓을 만큼'으로 끌어올렸다.

그러나 실학자는 유학자이기도 하다. 다산도 다르지 않았다. 유학자들의 근본은 수기치인(修己治人)에 있다. 자신을 잘 닦아 사람들을 훌륭하게 이끈다는 뜻이다. 그는 "진정한 선비란 도(道)를 익혀, 위로는 임금을 섬기면서 아래로는 백성에게 혜택을 가게 하는 사람"이라고 믿었다. 그래서 그는 백성들을 끊임없이 도덕적으로 올곧게끔 교화(敎化)하려 했다.

책으로 모든 것을 배운 사람들은 터무니없는 원칙만 고집한다. 그러느라 현실을 어그러뜨리기 일쑤다. 그러나 현실과 이론을 함께 바라보는 사람은 원칙으로 현실을 살찌운다. 다산이 보여준 실학자의 태도가 바로 그랬다.

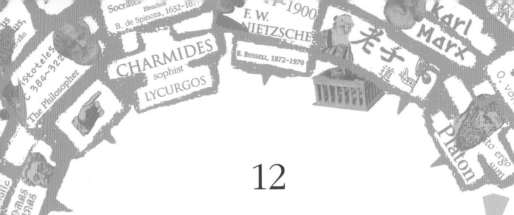

12

자유와 평등으로 치른
인류의 성인식

프랑스 혁명

"누가 가장 위대한 인물인가에 대해 논쟁을 한다면……
아이작 뉴턴이라고 대답하겠다.
우리는 진리의 힘으로 우리의 정신을 지배하는 사람을 존경하지만
폭력으로 우리의 정신을 노예로 만드는 사람은 존경하지 않기 때문이다."
– 볼테르, 영국 체류 중 뉴턴을 평하며

"폭풍우처럼 몰아쳐서 천둥처럼 승리할 것"

이상하게 들릴지 모르지만, 역사적으로 볼 때 모든 인간이 자유롭고 평등하다는 믿음은 아주 희한한 견해에 속한다. 인류는 오랜 세월 동안 왕, 귀족, 평민이라는 신분의 차이를 당연한 것으로 받아들이며 살아왔다. 우리가 집안에 부모님이 있고 형제간에도 나름의 서열이 있다는 사실을 자연스럽게 여기듯, 불과 200여 년 전까지만 해도 사람들은 국가에는 존엄한 왕과 고귀한 혈통(귀족)이 있으며 평민들은 그들의 다스림과 보호를 받는 것이 지당하다고 생각했다.

엄한 어른이 단속하는 집안이 가풍도 제대로 잡히는 법이다. 아이나 어른 모두가 동등하여 위계가 없다면, 사람들은 끊임없이 서로 잘났다고 싸우게 될지도 모른다. 마찬가지로 국가가 제대로 돌아가고 삶이 평안하려면 백성들은 '웃어른'인 왕을 잘 섬기고 자기 분수에 맞게 순종하는 삶을 살아야 한다. 이것이 인류가 가진 보편적인 '상식'이었다.

프랑스 혁명은 이러한 상식을 뒤집어 놓은 대사건이었다. 프랑스 혁명이 내세웠던 자유, 평등, 박애의 이념은 새로운 상식이 되었다. 이제 우리는, 인간은 모두 존엄하며 누구의 자유도 부당하게 억압받아서는 안 된다고 믿는다. 하지만 수천 년간 이어져 왔던 신분에 따른 차별을 뒤엎는 작업이 결코 평탄했을 리 없다. 그 당시의 혁명가 생쥐스트(Louis A. L. de Saint-Just, 1767~1794)는 이렇게 말했다. "우리의 자유는 폭풍우처럼 몰아쳐서 천둥처럼 승리할 것이다." 정말 프랑스 혁명은 폭풍우처럼 시작해서 천둥처럼 끝났다.

혁명의 3박자가 무르익다

전체 유럽 인구의 5분의 1이 모여 있던 18세기 프랑스는 당장이라도 빅뱅(Big Bang)이 일어날 듯한 분위기였다. 민주주의는 경제적 번영과 함께 싹트는 경우가 많다. 프랑스 혁명이 일어났던 당시는 서유럽의 경제 성장이 두드러졌던 때다. 영국과 프랑스는 국민소득이 두 배 이상 늘었고, 공업 생산과 시장 규모도 크게 확대되었다. 이에 따라 부(富)를 쌓은 상인과 법률가 등 이른바 평민 **부르주아**(Bourgeois) 역시 많이 늘어나 있었다. 실력과 재산을 갖춘 이들이 귀족의 오만을 감당하기란 무척 자존심 상하는 일이었을 터이다.

더구나 그 당시 프랑스는 빈부 격차가 아주 심했다. 프랑스 인구의 20퍼센트밖에 되지 않는 귀족과 성직자가 전체 토지의 40퍼센트를 차지하고 있는 반면, 80퍼센트에 이르는 농민은 각종 부역과 세금

부르주아 근대 시민 사회 형성기에, 신대륙의 발견과 상공업의 발달에 힘입어 자본을 축적한 자본가 계급을 가리키는 프랑스 어, 이들은 산업 및 무역에 종사하며 재산을 획득하였으며, 특히 계몽사상의 영향을 받아 이를 바탕으로 자신들의 권리를 주장하였다. 오늘날에는 주로 자본가 계급만을 가리키는 말이 되었지만, 원래는 은행가·변호사·문필가·의사·학자·기업가 등 여러 계층을 통틀어 일컫는 말이다.

에 시달리고 있었다. 이런 상황에서 부모가 자식을 돌보듯 국왕이 백성을 돌본다는 그 시대의 '상식'은 농담처럼 들릴 수밖에 없었다.

나아가 국가를 한 사람에 비유하자면, 프랑스는 '사춘기 소년'에 가까운 인구 구조를 갖고 있었다. 인구 통계학적으로 20~30대의 젊은 층이 많은 나라일수록 혁명이 일어날 확률이 높다고 한다. 그런데 이때 프랑스는 전체 인구 가운데 20~40대가 40퍼센트나 됐고, 20대 미만도 36퍼센트에 이르렀

성직자와 귀족이 농민의 등 위에서 희희낙락하는 모습을 풍자한 18세기 판화.

다. 그러니 프랑스는 경제 성장으로 높아진 평민의 자존심, 신분에 근거한 불합리한 착취 구조, 혈기 넘치는 인구 구성이라는 혁명의 3박자를 모두 갖추고 있었던 셈이다.

거기다 **'명예 혁명'**으로 국민의 대표인 의회가 권력을 쟁취한 영국의 상황과, 영국 국왕의 지배를 거부한 1776년의 미국 독립 선언은 프랑스 지식인들의 저항 정신에 불을 붙이기에 충분했다.

명예 혁명 1688~1689년 영국에서 일어난 시민 혁명. 1685년 왕위에 오른 제임스 2세는 가톨릭 부활 정책과 전제정치를 추진해 나감으로써 의회와 대립하게 되었다. 그러자 의회는 제임스 2세의 장녀인 메리(아버지와 달리 신교도였음)와 그의 남편 오렌지 공 윌리엄 3세(네덜란드 총독)를 공동 통치자로 임명했고, 이에 제임스 2세는 아무런 저항 없이 프랑스로 망명했다. 윌리엄 3세는 의회가 기초한 '권리 선언'을 인정하고 '권리 장전'을 제정하는데, 이로써 영국은 의회가 통치권을 쥐는 입헌 군주제가 수립되었다.

왕권신수설 vs 사회계약설

그러나 아무리 시대 여건이 뒷받침해 준다 해도 철학이 없다면 혁명은 일어날 수 없다. 철학은 폭동과 혁명을 구분시켜 주는 중요한 잣대다. 이념 없이 폭발한 시위와 반발은 그 순간이 지나면 이내 잠잠해진다. 하지만 철학은 불만에 차 들고일어난 시민들에게 세상을 어떻게 바꿔야 할지에 대한 로드 맵(road map, 앞으로의 계획이나 전략 등이 담긴 구상도·청사진)을 제공한다. 그래서 폭력을 새로운 세상을 여는 동력으로 승화시킨다.

그러면 18세기 프랑스를 변혁시킨 철학은 어떤 것이었을까? 지금 학자들은 프랑스 혁명에 큰 영향을 끼친 사상으로 로크(John Locke, 1632~1704)의 철학을 꼽는다. 하지만 그 당시 권력자들은 통치의 근거를 이른바 '왕권신수설'에서 찾았다. 왕권신수설의 대표주자 격인 필머(R. Filmer, 1588?~1653)의 주장은 다음과 같다.

하느님은 왕이 될 권리를 오직 한 사람에게 부여했다. 그 사람은 바로 아담이다. 아담은 전 인류의 아버지다. 그리고 지구상에 있는 모든 왕은 이 아담의 상속자들이다. 따라서 우리는 아버지에게 복종하듯 왕에게 복종해야 한다. 왕에 대한 불복종은 신을 공경하지 않는 것과 같다.

그때까지만 해도 성경은 서유럽에서 절대적인 권위를 행사하고 있었기에, 이러한 왕권신수설은 꽤 설득력이 높은 학설이었다. 하지만 로크는 여기에 '사회계약설'로 맞섰다. 그는 왕이 될 권리는 신에게서 비롯된 것이 아니며, 오히려 국왕의 권력은 국민에게서 나온다고 주장했다. 이를 위해 로크는 국왕도 정부도 없었던 '자연 상태'를 가정하여, 권력이 어디서부터 비롯되는지를 논리적으로 증명하려 했다.

자연 그대로의 인간은 자유롭고 평화롭게 살아간다. 그러나 살다 보면 충돌과 다툼은 늘 일어나게 마련이다. 만약 어떤 사람이 다른 이를 괴롭힐 때 누군가 이를 막아 주지 않는다면 우리네 삶은 이내 폭력으로 가득 차게 될 것이다. 그래서 사람은 자신들의 생명과 자유, 재산을 보호하기 위해 통치자를 세우기로 '계약'을 맺었다. 마치 동네 주민들이 합의 아래 자치회를 구성하듯 그렇게 국왕을 세웠다는 뜻이다.

그런데 만약 통치자가 사람들을 보호하기는커녕, 오히려 권력을 이용하여 착취하고 괴롭힌다면 어떻게 해야 될까? 이에 대해 로크는 단호하게 말한다. 개개인을 보호하지 못하는 권력자는 폭력을 써서라도 몰아내야 한다고 말이다. 곧 혁명을 일으켜서라도 국민의 뜻을 살릴 수 있는 통치자로 바꾸어야 한다는 뜻이다.

이러한 로크의 주장은 권력의 원천이 국민에게 있다는 '국민 주권론'에 힘을 실어 주었다. 게다가 그 당시는 과학의 발달과 신대륙의 발견으로 왕권신수설의 근거가 되는 성경의 권위가 끊임없이 흔들리고 있었을뿐더러 볼테르 같은 인기 작가들도 귀족과 성직자들을 비꼬는 글로 큰 반응을 얻고 있던 시대였다. 그만큼 절대 권력은 기반을 잃어 갔고 대중 사이에서는 특권층에 대한 거부감이 널리 퍼져 있었다.

인간과 시민의 권리 선언

혁명은 그 시대의 가장 민감한 문제에서부터 출발한다. 그때만 해도 프랑스 왕정은 수많은 전쟁과 낭비벽으로 극심한 재정 적자에 시달리고 있었다. 더 많은 세금이 필요한데도 백성들이 돈을 내놓지 않자, 루이 16세(Louis XVI, 1754~1793)는 이 문제를 해결하기 위해 삼부회를 소집했다. 삼부회란 제1신분인 성직자, 제2신분인 귀족, 그리고 대다수인 평민으로 이루어진 **제3신분**이 모여 국가의 중요한 사안을 논의하는, 일종의 '국민 대토론회'였다.

제3신분 제3신분은 다수가 도시와 농촌의 민중 계급이었지만, 수공업자와 상인들을 비롯해 변호사·교수·의사·은행가·금융업자 등의 직업을 가진 사람들도 속해 있었다. 삼부회에 참여한 제3신분 대표들은 절반가량이 법률가였고, 나머지는 상인·은행가·정부 관리·농민 등이었다.

국민 의회를 결성한 제3신분은 회의 장소가 폐쇄되자 근처 테니스 코트에 모여 헌법 제정을 요구하는 서약을 했다. (자크 다비드, 〈테니스 코트의 서약〉)

삼부회에서는 제1신분과 제2신분이 힘을 합쳐 제3신분을 억누르고 구슬려 자신들의 뜻대로 움직이게 하던 것이 관례였지만, 세력이 커진 제3신분은 더 이상 성직자와 귀족들에게 순순히 복종하려 하지 않았다. 이들은 더 많은 투표권을 요구하다가 받아들여지지 않자, 마침내 1789년 5월, 회의장을 박차고 나가 국민 의회를 결성했다. 그리고 국왕이 회의 장소를 폐쇄해 버리자 이들은 근처 테니스 코트로 가서 "프랑스를 위한 헌법을 제정하기 전에는 절대로 해산하지 않겠다."라는 서약을 했다. 이것이 이른바 '테니스 코트의 서약'이다. 프랑스 혁명은 여기서부터 시작되었다고 할 수 있다.

이어 1789년 7월 14일, 혼란스러운 정세와 치솟는 빵값에 분노한 파리 민중들은 바스티유 감옥을 점령했다. 제3신분을 길들이기 위해 왕과 귀족들이 비밀 회의를 하여 빵값을 일부러 올렸다는 뜬소문이 거리 곳곳에 파다하게 퍼져 있던 탓이다. 이로써 권력은 제3신분의 손에 완전히 넘어오게 되었다.

국민 의회는 1789년 8월에 〈인간과 시민의 권리 선언〉이라 불리는 인권 선언을 발표했다. 이 선언문에는 프랑스 혁명의 정신이 그대로 담겨 있다. 제1조에서 "인간은 나면서부터 자유로우며 평등한 권리를 가진다."라며 자유와 평등을 강조한 이 선언은 이후 근대 민주주의의 토대가 되었다. "모든 주권의 원천은 국민에게 있다."(제2조), "자유의

프랑스 혁명의 정신이 고스란히 담겨 있는 프랑스 인권 선언문.

제약은 오직 법에 의해서만 규정될 수 있다.”(제4조), “사상과 의사의 자유로운 교환은 인간의 가장 중요한 권리의 하나다.”(제11조), “소유권은 그 무엇으로도 침해할 수 없는 신성한 것이다.”(제17조) 등 모두 17조의 내용으로 이루어진 이 선언문은 이제 보통 사람들이 주인이 되는 새로운 세상을 선포한 것이라 할 수 있다.

“조국의 목마른 밭고랑에 적들의 더러운 피가 넘쳐흐르도록”

그러나 혁명은 이성적으로만 진행되지는 않았다. 고결한 이념과는 달리 이후 프랑스 혁명은 피와 폭력으로 얼룩졌다. 프랑스는 혁명의 영향을 받아 자기 나라의 백성들도 들고일어나지 않을까 두려워했던 오스트리아와 프로이센 등 여러 국가와 전쟁 상태에 빠지게 되었다. 내부적으로는 이러한 혼란을 틈타 왕이 권력을 되찾으려 한다는 음모설이 끊임없이 꼬리를 물었다.

1791년 10월, ‘91년 헌법’에 의해 국민 의회는 해산되고, 제한 선거에 따라 입법 의회가 성립되었다. 입법 의회는 온건파인 지롱드당과 강경파인 자코뱅당이 대립하고 있었다. 초기에는 주로 부유층 인물로 구성된 지롱드당이 우세하였으나, 후기에는 하층 계급을 중심으로 한 자코뱅당이 주도적인 역할을 했다.

혼란한 상황에서는 온건하고 합리적인 안건보다 가장 극단적인 선동이 호응을 얻기 쉽다. 정권은 시민들 사이에 모든 불평등과 정치적 차별의 철폐를 주장하던 급진적인 **자코뱅당의 손으로 넘어갔다.** 이들은 ‘정치적 살해’를 혁명의 수단으로 삼는 끔찍한 공포 정치를 단행했다. 수천 명의 귀족들이 평등이라는 이름 아래 목이 잘렸고, 1793년에는 루이 16세마

철학, 역사를 만나다

1793년 1월 21일, 수만 명의 군중이 지켜보는 가운데 루이 16세는 단두대에서 이슬로 사라졌다. (게오르크 시베킹, 〈루이 16세 처형〉)

저도 단두대의 이슬로 사라졌다.

학자들에 따르면, 혁명 중에 목숨을 잃은 사람은 무려 100만 명에 이르렀다고 한다. 왕당파(국왕 지지파)가 반란을 일으킨 방데 지역에서는 '길가에 서 있는 사람들을 모두 죽이는' 참극이 일어나기도 했다. 혁명의 적으로 몰린 이들을 빨리 살해하기 위해 죄수들의 손발을 묶어 배에 태운 뒤 가라앉히는 잔인한 처형이 '국가적 목욕'이라는 이름으로 곳곳에서 벌어지곤 했다. 안타깝게도 대다수 희생자는 혁명과 별 상관없는 순박한 농민들이었다.

'혁명'이라는 이름을 빌린 폭력은 프랑스 밖에서도 마찬가지로 자행되었다. 그 당시 유럽의 지성들은 자유, 평등, 박애라는 혁명 이념에 열광하며 축배를 들었다. 프랑스 혁명이 일어났을 때 그 시대 최고의 철학자였던 헤겔(Georg W. F. Hegel, 1770~1831)은 철학자 셸링 (Friedrich W. J. von Schelling, 1775~1854), 천재 시인 휠덜린(Johann C. F. Hölderlin, 1770~1843)과 혁명을 기념하여 튀빙겐 숲에 '자유의 나무'를 심었다고 한다.

헤겔은 나중에 《정신 현상학》에서 역사는 자유의 확대 과정이라고 주장했다. 고대 국가에서는 군주 한 사람만 자유롭고 모두가 노예였지만, 서양 중세에는 군주뿐 아니라 봉건 제후들도 자유롭게 되었다. 그리고 이제 프랑스 혁명으로 시작된 새로운 시대에는 좀 더 많은 사람들이 자유롭게 될 것이다. 더 나아가 그는 예나 대학에 입성하는 나폴레옹(Napoléon I, 1769~1821)을 바라보며 "나는 말을 탄 절대정신(시대정신)을 보았다."라고 감격에 겨워 말했다.

그러나 그 '시대정신'의 군대는 헤겔의 집을 약탈하고 그의 밥줄이었던 대학을 폐쇄했다. 혁명의 이상은 나폴레옹 전쟁을 통해 유럽 사회 전체로 퍼져 나갔다. 하지만 혁명의 현실은 잔혹하고 처참했다. 혁명 때 만들어져 현재까지도 프랑스의 국가(國歌)로 불리는 〈라 마르세예즈 (La marseillaise)〉에는 "조국의 목마른 밭고랑에 적들의 더러운 피가 넘쳐 흐르도록"이라는 잔인한 문구가 담겨 있을 정도다.

자유를 향한 인류의 성인식

결과만으로 보면 프랑스 혁명은 실패한 혁명이다. 1815년, 프랑스는 다시 루이 16세의 동생인 루이 18세(Louis XVIII, 1755~1824)가 다스리는 왕정 체제로 되돌아갔다. 혁명의 잔인함과 피로감은 과거 질서에 대한 갈망을 불러일으켰고, 프랑스는 더 이상 유럽의 다른 왕국에 맞설 힘이 없었다. 그러나 혁명 당시에 일어났던, 평등을 향한 개혁 정신은 결코 폐지되지 않았다. 개인의 자유와 법 앞에서의 평등은 이미 시대의 대세였기 때문이다.

어린아이는 부모의 보호에 만족하지만, 성숙한 인간은 독립적이고 자유로운 삶을 원한다. 프랑스 혁명 이전의 서양 정신이 아버지 같은 신과 왕에게 기대어 안온함을 찾는 어린아이와 같았다면, 이후 서양 사상은 국민 자신이 세상의 주인임을 인식하는 '성년(成年)의 철학'이라고 할 수 있다.

혁명 이후 서양 사상이 성년의 철학으로 커 나가는 데는 18세기 산업 혁명으로 경제가 급성장했다는 사실도 큰 영향을 미쳤다. 산업의 시대에 접어들면서 절대 권력자 밑에서 욕구의 절제를 강조하던 철학은 설 자리가 없어졌다. 오히려 왕성한 소비 욕구와 창조적 능력을 갖춘 개인이 필요했다. 이 점에서 프랑스 혁명은 개인의 가능성이 억눌려 있던 세상에서, 자유를 마음껏 펼치는 성숙한 개인들의 평등사회로 흘러가는 '인류의 성인식(成人式)'이라 할 수 있다.

더 읽어 봅시다!

- 에드워드 맥널 번즈 등의 《서양 문명의 역사》
- F. 블뤼슈 등의 《프랑스 혁명》

프랑스 혁명에 영향을 준 사상들

① 로크의 '빈 서판 이론'

프랑스 혁명에는 '정치 선진국' 영국의 철학자였던 로크의 사상이 큰 영향을 끼쳤다. 사회 계약설뿐만 아니라, '빈 서판(tabla rasa)'으로 알려진 그의 인식론은 귀족들의 권위를 무너뜨리는 데 기여했다. 로크의 '빈 서판 이론'에 따르면, 인간의 정신은 태어날 때는 빈 칠판과 같다. 귀족들이 평민보다 뛰어난 점이 있다면, 이는 무언가 특별한 재능이나 덕성을 타고나서가 아니라 더 나은 환경 속에서 더 좋은 교육을 받았기 때문이다. 인간은 누구나 교육을 통해 동등해질 수 있다. 이는 모든 인간의 평등을 주장할 수 있는 주요한 논거가 되었다.

② 루소의 사회 계약론

루소(Jean J. Rousseau, 1712~1778)의 《사회 계약론》도 혁명 과정에서 큰 영향을 끼쳤다. 특히 공포 정치를 주도한 로베스피에르(Robespierre, 1758~1794)는 루소의 철학이 인류를 구원해 줄 위대한 희망을 담고 있다고까지 확신했다.

루소는 로크처럼 국가 권력은 국민 개개인이 국가에 복종하기로 계약했기 때문에 성립한다고 주장했다. 나아가 그는 의지를 세 가지 차원으로 구분한다. 하나는 개개인이 가지고 있는 의지와 자유, 즉 '개별 의지(particular will)'다. 개별 의지 하나하나가 모이면 국민 전체의 의지, '일반 의지(general will)'가 된다. 그러나 국가의 뜻이 곧 국민의 뜻은 아니다. 그는 '전체 의지(the will of all)'와 일반 의지를 구분한다. 전체 의지란 다수의 힘만 믿고 권력을 행사하는 경우를 말한다.

독재자들은 자신들이 '국민의 뜻'을 대표하고 있음을 내세운다. 그러나 사실 그들은 권력을 빌려 개별 의지를 마치 일반 의지인 양 행사하고 있을 뿐이다. 나아가 집단 이기주의는 일반 의지라기보다는 '전체 의지'에 가깝다. 많은 사람들이 원하고 있기는 하지만, 이는 결국 전체 국민에게 이익이 되기보다는 해가 되기 때문이다.

루소는 지배 계층이 그들만의 전체 의지를 마치 일반 의지인 양 왜곡하고 자신들의 이익을 위해 전체 국가 성원을 착취하고 있다면, 국민들은 당연히 그들을 무너뜨려야 한다고 주장한다.

루소의 '일반 의지'는 당시 프랑스를 지배하던 부르봉 절대 왕정에 대한 각계각층의 반발을 하나로 묶을 수 있는 철학적 상징을 제공해 주었다. 나아가 지배 계층의 내부 분열에 지쳐 있던 사람들에게 그가 제시한 '일반 의지'는 당파의 종식, 그리고 상호 이해와 공동선 증진을 약속해 주었으며, 그의 견해는 귀족 계급에 눌려 신분적 차별을 받던 중간 계층에게 자긍심을 심어 주고 정치적 입지를 굳혀 주기도 했다. 루소의 이론은 입헌 군주제와 민주 정치에 대한 강력한 지지 이데올로기였던 셈이다.

③ 프랑스 계몽사상

프랑스 계몽 사상가들은 당시에 '필로조프(Philosophe)'라고 불렸다. 이들은 과학적으로 세상을 해석하려 하고 이성적이고 합리적인 방법으로 세상을 개혁하려고 했다. 계몽 사상가 중에서 가장 활발히 활동했던 사람은 볼테르다. 그는 대중적인 인기를 누렸으며 귀족과 교회의 불합리한 권력에 대해 수많은 풍자를 남겼다. 아울러 몽테스키외(Charles L. de S. Montesquieu, 1689~1755), 디드로(Denis Didorot, 1713~1784), 콩도르세(Marquis de Condorcet, 1743~1794) 등도 인간 이성의 능력을 절대적으로 확신했으며, 이에 기초해서 신분과 종교적 믿음으로 왜곡되어 있던 당시의 사회 질서를 바로잡으려 했다.

13

자본의 멱살을 거머쥔
공산주의라는 유령

마르크스

"공산주의자는 자신의 견해와 목적을 수치스럽게 감추지 않는다.
공산주의자는 오직 모든 사회적 제약을 힘으로 타도함으로써만
우리의 목적을 달성할 있음을 공공연히 선포한다.
모든 지배 계급들이 공산주의 혁명 앞에서 떨게 하라.
프롤레타리아가 잃을 것은 쇠사슬밖에 없으며 얻을 것은 온 세상이다.
전 세계 노동자들이여, 단결하라!"
- 마르크스 · 엥겔스, 《공산당 선언》 중에서

세상을 떠도는 '공산주의' 유령

20세기는 마르크스(Karl Marx, 1818~1883)의 시대였다 해도 지나치지 않다. 전 세계가 마르크스를 영웅으로 받드는 국가들과 '악의 화신'으로 여기는 나라들로 나뉘어 대립했으니 말이다. 냉전(cold war)이라 불린 사회주의와 자본주의 대립은 마르크스를 따르느냐 부정하느냐를 놓고 생긴 갈등이다.

불과 20여 년 전까지만 해도 인류의 3분의 1은 마르크스 사상이 곧 '진리'였던 세상에서 살았고, 그의 가르침대로 세상을 바꾸려 노력했다. 이는 역사상 어떤 종교나 사상도 하지 못했던 엄청난 일이었다.

그러나 전 세계 인류가 관여하다시피 한 이 엄청난 '사유 실험'은 결국 실패로 끝났다. 1990년, 구소련의 몰락을 시작으로 마르크스를 추종하던 국가들은 하나하나 자본주의 앞에서 꼬리를 내렸다. 지금도 중국이나 쿠바 같은 나라들이 사회주의를 내세우고 있기는 하지만, 그 내면을 보면 이제는 그들에게도 돈이 최고신(最高神)임을 알 수 있다.

그런데도 마르크스는 여전히 우리 삶에 큰 영향을 끼치고 있는 사

공산당 선언 영국에 있던 독일인
혁명적 노동자 비밀 결사 조직인
'공산주의자 동맹'의 국제적 강령
으로, 1847년부터 이 동맹에 참
가했던 마르크스와 그의 든든한
동지인 엥겔스(Friedrich Engels,
1820~1895)가 만든 것이다. 《공
산당 선언》은 과학적 사회주의
원리에 대해 이론적이면서도 간
결하게 쓰여 있으며, '전 세계 노
동자들이여, 단결하라.'라는 유명
한 말로 끝맺고 있다.

상가 가운데 한 명이다. 빛이 있으면 그림자가 있는
법, 자본주의가 맹위를 떨치면 떨칠수록 그가 지적
한 자본의 문제들은 더욱더 선명하게 드러나기 때
문이다. 그래서 사람들은 여전히 마르크스에 기대
어 자본주의 사회의 문제를 지적하고 해결책을 찾
는다. 지금도 흔히 '좌파'라고 하는 사회 비판 세력
의 대부분은 마르크스 사상에 뿌리를 두고 있다. 이
점에서 1848년에 발표된 그 유명한 《공산당 선언》 첫
머리에 나오는 "공산주의란 유령이 …… 세상(유럽)을 배회하고 있다."
는 말은 아직도 유효한 셈이다.

스크루지와 성냥팔이 소녀의 시대

인류 역사에 커다란 영향을 끼친 사상가 중의
한 명인 카를 마르크스.

마르크스가 수많은 사람들의 마음을 사로
잡을 수 있었던 이유는 무엇일까? 그것은 그
의 사상이 '공산 사회'라는 인류의 오랜 꿈
을 담고 있기 때문이다. 공산 사회란 차별이
나 억압 없이 모두가 평등하게 잘사는 세상
을 말한다. 마르크스 방식대로 말하자면 '누
구나 능력만큼 일하고 필요한 만큼 소비하는
세상'이 공산 사회다.

물론 마르크스 이전에도 이상 사회에 대한

주장은 얼마든지 있었다. 플라톤의 《국가》나 토머스 모어(Thomas More, 1478~1535)의 **《유토피아》**도 모두 공산주의 사회라는 꿈을 담고 있는 책들이다. 그러나 이 책들은 소수의 지식인들에게 '정신적 영향'만을 끼쳤을 뿐, 마르크스의 주장처럼 전 세계를 들썩이게 만들지는 못했다. 그렇다면 왜 유독 마르크스만 그토록 큰 파장을 일으켰던 것일까?

유토피아 《유토피아》는 저자가 히스로디라는 선원에게 들은, 이상 국가 '유토피아'의 제도·풍속 등을 기록하는 형식으로 이상 사회를 묘사한 작품이다. 간접적으로는 그 당시의 유럽, 특히 영국 사회를 비판하고 있다. 이 유토피아에서는 모든 시민이 교대로 농경에 종사하는데 노동 시간은 6시간이며, 필요한 물품은 시장의 창고에서 자유롭게 꺼내 쓸 수 있다.

그 이유는 무엇보다도 '시대 탓'이 아니었을까 한다. 산업 혁명은 역사상 최초로 사람들에게 '계급의식'을 불러일으켰다. 계급이란 일종의 패거리를 말하는데, 못사는 사람들은 그들대로, 잘사는 이들은 그들 나름대로 '우리는 한패'라는 동류의식을 갖고 있음을 의미한다.

뿔뿔이 흩어져 있는 사람들 사이에서는 동질감이 생기기 어렵다. 따라서 계급이라는 패거리가 생기기 위해서는 비슷한 사람들끼리 한곳에 모여 있어야 한다. 그 당시 증기 기관의 등장, 이를 이용한 대규모 모직 공장의 출현은 노동자들을 한곳으로 모으는 결과를 가져왔다. 더구나 그때는 원료인 양털을 얻기 위해 땅주인들이 농토를 목초지로 바꾸거나 농지 개량으로 농업 효율성이 높아져, 농민들이 내쫓기는 경우가 많았다. 이들은 도시로 흘러들어 프롤레타리아(Prolétariat), 곧 '노동자 계급'을 형성했다.

19세기 도시 노동자들의 생활은 지옥을 떠올리게 할 정도로 가혹했다. 그 당시 발표된 소설을 보면 도시를 줄곧 '하수구'에 비유하고 있는데, 충분히 그러고도 남을 정도로 상황이 열악했다. 공장에서는 매일 엄청난 유독가스를 내뿜고 있었고, 노동자들은 하루 16시간 노동에 네 살배기 어린 자식까지 동원해도 먹고살기 힘들 만큼 낮은 임금에 시달리고 있었다. 거기다가 인구가 너무 빨리 늘어나는 바람에 영국의 런던에서조차도 늘 25만 가구분 정도의 분뇨가 수거되지 못했다. 이런 열악한 생활환경 속에서 많은 사람들이 만성적인 질병과 전염병에 시달렸고, 노동자 가정의 영아 사망률은 90퍼센트에 이르렀다.

자본가들은 이런 도시를 피해 쾌적한 교외로 옮겨 갔다. 마르크스 사상의 '배경'이 되는 영국의 경우, 자본가들은 공해 물질이 바람을 타고 날아오지 않는 도시 서쪽으로 옮겨 가서 고급 주택가를 이루며 살았다. 돈은 도시에서 벌되, 부유한 이들끼리 모인 별천지에서 생활과 문화를 즐겼던 것이다. 프롤레타리아에 맞서는 자본가 계급, 곧 부르주아는 이렇게 생겨났다.

구두쇠 영감 스크루지가 등장하는 찰스 디킨스(Charles J. H. Dickens, 1812~1870)의 〈크리스마스 캐럴〉과 안데르센(Hans C. Andersen, 1805~1875)의 〈성냥팔이 소녀〉가 이러한 시대에 나온 것은 우연이 아니다. 돈만 알고 가난한 사람을 '범죄자' 취급하는 스크루지는 당시 사람들의 머릿속에 박혀 있던 자본가의 모습이었고, 거리는 성냥팔이 소녀처럼 불쌍한 고아들로 넘쳐 나고 있었다.

대립하는 자유 경제와 공상적 사회주의

산업이 발달할수록 가진 자와 못 가진 자 사이의 격차는 더욱 벌어졌

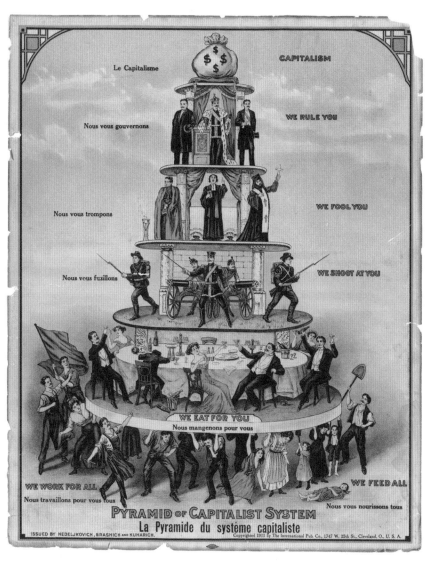

자본주의는 눈부시게 발전했지만, 빈부 격차는 심화되어 갔다. 그림은 1911년 발행된 세계 산업 노동자 포스터 〈자본주의 구조 피라미드〉.

고 대립과 갈등도 점점 더 심해졌다. 많은 이들이 극단으로 치닫는 세상에 대해 다양한 해결책을 내놓았지만, 그 처방이라는 것은 지금으로 치면 '빈민 구호' 수준밖에 되지 못했다. 그런 땜질식 처방은 임시변통이었을 뿐, 장기적으로는 결코 도움이 되지 못했다. 가난한 사람들은 점점 경멸과 동정의 대상으로 비참하게 추락해 갔던 것이다.

사회가 정의롭지 못하고 삶이 고단할수록 사람들은 평등하고 억압 없는 세상을 꿈꾸게 마련이다. 모두가 잘사는 세상, 공산 사회를 위한 제안들도 쏟아져 나왔다. 그러나 상당수는 실현 가능성이 없는 돈키호테적 구상에 지나지 않았다. 영국의 사회 운동가 로버트 오언(Robert Owen, 1771~1858) 같은 자본가는 자신의 공장을 노동자들의 천국으로 개조하는 데 힘을 기울였다. 그러나 노동자를 위한 교육 · 복지 시설에 완전한 양성 평등까지, 21세기형 복지 국가를 옮겨 놓은 듯한 이 공장은 그 당시의 통념과는 너무도 차이가 있는 것이어서 결국 실패할 수밖에 없었다.

어떤 이는 '생산 협동조합'을 만들어 노동자들이 이익을 서로 사이좋게 나누어 갖는 세상을 꿈꾸기도 했다. 또 어떤 이는 선거를 통한 노동자 계급의 해방을 주장하기도 했다. 그러나 모두 치밀한 문제 분석이나 구체적인 실현 방안이 없는 공상에 지나지 않았다. 흔히 이들이 '공상적 사회주의자'라고 불리는 이유도 여기에 있다.

반면, 자본가들도 점차 거세지는 저항에 맞서 자신들의 기득권을 정당화할 수 있는 이론 체계를 세우기 시작했다. 지금의 이른바 '주류 경제학'은 이때 형성된 것이다. 이들은 경제적 문제의 책임과 권리는 각자에게 있다는 경제적 개인주의와, 정부의 간섭은 적으면 적을수록 좋

공산 사회를 꿈꾸었던 마르크스는 노동자들이 혁명을 일으켜 자신의 권리를 되찾아야 한다고 생각했다. 그림은 러시아에서 일어난 노동자의 파업 광경을 묘사한 것이다. (미하이 문카치, 〈파업〉)

다는 자유방임주의, 자유 경쟁, 자유 무역을 앞세웠다.

한마디로 못사는 것은 개인의 문제일 뿐, 사회 구조의 결함 때문이 아니라는 주장이다. 그러나 그들 또한 빈곤층이 점점 더 늘어 가는 현실 앞에서 위기감을 감출 수 없었다. 극소수의 가진 자와 다수의 못 가진 자들이 극한적으로 대립하는 상황으로 치달을수록 세상은 어떤 식으로든 위태로운 갈등을 해소해 줄 사상을 기다리고 있었다.

자본주의의 심장에 칼을 들이대다

마르크스의 사상은 이런 위기 상황에서 혜성과 같이 등장했다. 그는 청년 시절 결투를 벌이고 '음주 가무'로 학생 감옥에 갇히는 등 열정이 넘치는 사람이었지만, 동시에 냉철한 분석가이기도 했다.

마르크스는 공산 사회를 꿈꾸는 이상주의자였지만, 어떤 환상에도 빠지지 않았다. 그는 먼저 자본주의의 메커니즘(mechanism, 작용 원리)을 면밀히 분석했다. 그리고 자본주의는 내적인 결함 때문에 필연적으로 붕괴할 수밖에 없고 결국에는 노동자들이 지배하는 공산 사회가 이루어질 것이라고 결론지었다. 이전의 공산주의는 단순한 제안에 지나지 않았지만, 마르크스는 이에 대한 체계적이고도 과학적인 이론을 제시했다. 이 때문에 그는 최초의 '과학적 공산주의자'로 불린다.

사적 유물론 마르크스주의의 근거가 되는 역사관으로, 그 근본 사상은 '역사가 발전하는 원동력은 관념이 아니라 물질'이라는 데 있다.

마르크스는 물질의 발전이 인류 역사를 이뤄 나간다는 '사적 유물론(史的唯物論)'을 주장했다. 이미 고도로 발전한 자본주의 체제에서 살고 있는 우리에게 그의 주장은 매우 당연하게 다가온다. 1인당 국민소득 1만 달러인 나라와 2만 달러의 나라 사이에는 가치관과 문화 등에 꼭 그만큼의 차이가 존재한다. 1000달러 시대의 우리 나라가 후진국과 비슷했다면, 2만 달러 무렵에는 OECD 국가들과 비슷한 모습이리라는 경제 관료들의 말에 우리는 쉽게 고개를 끄덕일 터이다. 하지만 종교나 걸출한 영웅이 역사를 이끈다는 생각이 지배적이었던 당시에는, 물질이 세상을 이끈다는 마르크스의 주장은 무척이나 획기적인 것이었다.

나아가 그는 《자본론》에서 물질문명이 진보하고 산업이 발달하면 자본주의는 반드시 붕괴한다고 주장했다. 자본주의는 자유 경쟁을 원칙으로 한다. 그러므로 강한 자는 살아남고 약한 자는 망한다. 경쟁이 심해지면 약자는 점점 사라지고 결국 몇몇 강한 자만 살아남을 것이다. 그러나 강한 자만 살아남는다는 결과는 강자 자신에게도 피곤한 일일 뿐이다. 망한 회사가 늘어나면 늘어날수록 살아남은 기업도 어려워진다. 많은 기업이 도산하면 그만큼 일자리도 없어져, 물건을 살 수 있는 돈을 가진 사람이 줄어들기 때문이다.

회사란 이윤을 내지 않고서는 지탱할 수 없는 집단이다. 물건이 팔리지 않는다면 생산 비용을 줄여서라도 이윤을 만들어 내야 한다. 따라서 물건이 팔리지 않으면 기업은 노동자들을 더 많이 해고하고 임금을 낮추기 시작한다. 임금이 떨어질수록 노동자들의 구매력도 떨어져 기업의 이윤은 더더욱 줄어든다. 그러면 회사는 또다시 임금을 깎고 노동자를 해고하는 악순환을 거듭하게 된다. 결국 이러한 악순환은 파탄 상태에 이른 대다수의 노동자들이 극소수로 압축된 자본가들을 '폭력 혁명'으로 제거하여 모두가 평등한 공산주의 사회가 되는 것으로 끝을 맺게 된다.

이 모든 주장은 자본주의 경제에 대한 치밀한 분석과 연구 끝에 얻어진 결과였다. 마르크스는 자본주의의 환부에 메스를 들이대어 죽음에 이를 수밖에 없는 이유를 '과학적'으로 밝혀낸 철학자였다. 그는 이렇게 말한다.

"이제까지의 철학은 세상을 …… 해석해 왔을 뿐이다. 이제 중요한 문제는 세계를 변화시키는 것이다."

면밀한 논리에 기초한 그의 주장은 충분히 실현 가능한 것으로 비춰졌고, 사람들은 마르크스가 꿈꾸던 세상을 이루기 위해 목숨을 걸었다. 바야흐로 자본주의와 공산주의의 한판 싸움이 시작된 것이다.

1990년 구소련의 몰락을 시작으로, 사회주의 국가들은 하나둘씩 지구상에서 사라져 갔다. (보리스 쿠스토디예프, 〈볼셰비키〉)

마르크스가 살아 있다면?

결과적으로 볼 때, 인류 3분의 1이 참여한 마르크스의 실험은 실패로 끝났다. 현실로 나타난 구소련과 같은 역사상의 공산주의 국가들은 꿈속의 공산 사회와는 달리 자본주의보다 더 심한 빈부 격차에 시달렸던 독재 사회였을 뿐이다.

지도는 모르는 길을 찾아가라고 만든 것이지 길을 지도처럼 바꾸려고 만든 것은 아니다. 역사상의 공산주의 나라들이 범했던 오류는 이와 같았다. 마르크스가 제시한 역사의 발전 경로를 단순히 따라가기보다, 인위적으로 자본주의를 붕괴시켜 공산 사회를 이루려고 했던 것이다.

당연히 무리가 따를 수밖에 없었고 억지와 억지를 거듭한 끝에 사회주의 국가들은 결국 소멸하고 말았다.

그렇다면 마르크스 사상도 함께 몰락하고 말았을까? 그렇지 않다. 여전히 마르크스의 예언은 현실에서 실현되고 있다. 자본주의 경쟁이 치열해질수록 부(富)는 점점 더 가진 자들 쪽으로 이동하고 극빈층은 더욱 늘어나고 있다. 또 노동의 강도는 훨씬 세졌으며, 실업자 문제도 심각해졌다. 마르크스가 말한 그대로 세상이 전개되고 있는 것이다.

그런데도 우리는 마르크스가 말한 '폭력 혁명'이 이제는 쉽게 일어나지 않을 것임을 확신할 수 있다. 자본주의는 예전같이 무자비하지 않다. 약자에 대한 배려는 가진 자의 자비를 넘어 사회적 의무가 되었고, 사회 안전망과 공동선의 개념은 사회가 반드시 갖추어야 할 필수 요소가 되었다.

역설적으로 마르크스의 사상은 그가 그토록 죽이려고 했던 자본주의를 더욱 강하고 건전하게 만들었다. 마르크스는 자본주의의 독약이 아닌 백신이었던 셈이다. 억압 없고 평등하며 모든 이가 인간답게 살 수 있다는 공산주의의 꿈은 지금에 와서 차별을 당연하게 여기고 가진 자의 권리를 존중하는 자본주의를 통해 실현되고 있다. 만약 마르크스가 살아 있다면 이 기막힌 역설에 대해 뭐라고 말을 할까? 궁금한 일이 아닐 수 없다.

📚 더 읽어 봅시다!

- 이진경의 《자본을 넘어선 자본》
- 조성오의 《철학 에세이》

혁명가 마르크스의 생애

마르크스는 1818년 독일 트리어 시에서 부유한 유대인 법률가의 아들로 태어났다. 본과 베를린에서 보낸 그의 대학 시절은 불같이 뜨거웠다. 누구도 따라오지 못할 이해력으로 여러 학문 분야의 책들을 미친 듯이 읽어 나갔을뿐더러, 수많은 시로 자신의 격한 감정을 표현하는 것도 모자라 다른 학생과 결투하다가 부상을 입기도 했다. 심지어 '고성방가 및 음주' 혐의로 학생 감옥에 갇히기도 했다.

1841년, 예나 대학으로 옮긴 그는 단 한 번도 수업을 듣지 않았지만 당당하게 박사 학위를 따 낸다. 이때 그는 이미 '이념의 황소머리'로 청년 헤겔 파들의 우상이었다. 1842년, 스물네 살의 젊은 마르크스는 《라인 신문》의 편집인을 맡았다. 그는 언론인으로서의 능력도 대단히 뛰어나서 그가 편집을 맡자마자 신문의 발행 부수는 단박에 뛰어올랐다. 당시 정부에 대한 비판을 서슴지 않았던 탓이다. 다만 비판에는 완급 조절이 필요한 법이다. 《라인 신문》은 그가 편집장을 맡은 지 1년 만에 프로이센 왕에게 '라인 강의 창녀'라는 독설을 들으며 폐간당하고 만다. 그는 이후 파리 등지에서 공산주의 혁명을 주도하다가, 엥겔스라는 평생 동지를 만난다. 엥겔스는 방적 공장의 아들로 마르크스에게 재정적으로도 큰 도움을 주었다. 그 유명한 《공산당 선언》은 그와 마르크스의 합작품이다.

혁명가를 좋아할 정부는 없었다. 그는 추방에 추방을 반복하다가 마침내 런던에 이른다. 런던 생활의 가장 큰 특징은 '돈이 없다'는 것이었다. 그는 '못으로 박지 않은 모든 것'을 전당포에 맡겨야 할 정도로 궁핍한 생활에 시달렸다. 어린 딸이 죽었을 때 관을 살 돈이 없어서 울고 있을 뿐이었다는 이야기 등, 이 시절 마르크스의 가난에 얽힌 일화들은 많다.

극도로 빈곤한 생활 속에서 그는 《자본론》을 썼다. 《자본론》 중에서 그가 직접 완성한 것은 1권뿐이다. 나머지 2, 3권은 그가 죽은 후에 엥겔스가 남은 원고를 정리하여 출간하였다. 이 책은 자본주의가 왜 필연적으로 몰락하고 공산 사회가 올 수밖에 없는지를 철학, 경제학 이론을 바탕으로 체계적으로 분석하고 있다.

많은 자료들에서 마르크스의 죽음을 "《자본론》을 집필하느라 책상에 앉은 채 눈을 감았다."라는 식으로 비장하게 묘사하고 있으나 이는 사실이 아닌 듯하다. 마흔 살 무렵 그는 부모에게 상당한 유산을 물려받았으며, 딸을 등록금이 비싼 사립학교에 진학시켰다는 기록 등도 남아 있기 때문이다. 《자본론》을 완성하지 못한 것은 가난 때문이라기보다는 지칠 줄 모르는 사회 활동 때문이었을 것이다. 그는 런던 시절에 세계 공산주의자 동맹인 '제1인터내셔널'을 만드는 등 정력적인 활동을 펼쳤다.

1883년, 마르크스는 안락의자에 앉은 채로 죽음을 맞았다. 죽어서도 고향으로 돌아가지 못한 그의 무덤은 지금도 영국에 있다.

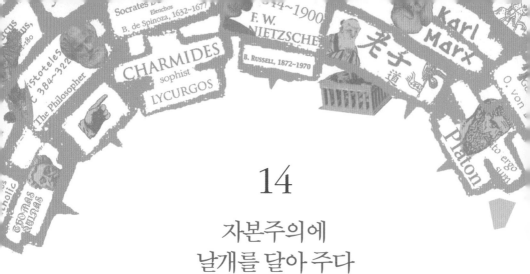

14

자본주의에
날개를 달아 주다

공리주의

"전쟁과 폭풍우는 가장 흥미 있는 이야기 소재이기는 하다.
그러나 삶에서는 평화와 정적이 훨씬 견디기 좋다."
– 제러미 벤담

"만약 이러한 견해(공상적 사회주의)가 퍼지게 되면, 문명사회는 파멸에
이르게 될 것입니다. 저항을 포기할 정도로 엄청났던 반달(Vandal) 족의
침입보다 더 엄청난 재앙일 것입니다."
– 존 스튜어트 밀

현대 자본주의의 어머니, 영국

미국은 이제 세계의 기준이다. 사람들은 미국식 자유주의를 당연한 것으로, 나아가 올바른 것으로 여긴다. 시장을 바탕으로 한 미국식 자유 경쟁은 공정함의 기준이 되어 버렸다. 이런 상황에서는 약자 보호의 의무 같은 인류의 지당한 덕목도 비난받을 수 있다. 허약한 자국의 농민을 보호하려는 변두리 국가들의 노력이 '불공정 행위'로 세계 무역 기구(WTO)의 지탄을 받듯이 말이다.

이처럼 패권(覇權)을 쥔 국가는 한 시대의 가치관을 결정한다. 그뿐 아니라 나라가 몰락한 뒤에도 인류 사상의 흐름에 적잖은 영향을 미친다. 그 예로 로마 제국의 세계시민주의(cosmopolitanism)와 한(漢)나라의 유교 사상을 들 수 있다. 두 나라가 역사의 뒤안길로 사라진 이래 동서양에는 수많은 나라들이 등장했지만, 이들의 국가 철학은 한나라와 로마 제국에서 자유로울 수 없었다.

영국은 현대 자본주의의 어머니 같은 나라다. 18세기 산업 혁명은 공업 생산량을 급격하게 증가시켰고, 그에 따라 원료 수입과 상품 수출

산업 혁명으로 인한 새로운 변화의 물결은 '공리주의'라는 실용적인 철학을 탄생시켰다. '해가 지지 않
는 나라'라는 별명이 붙었던 대영 제국의 포스터.

을 위한 상업이 발달했다. 자본주의는 이 가운데서 탄생했다. 더군다나 영국은 많은 식민지 덕택에 '해가 지지 않는 나라'라는 별명을 가질 정도로 그 당시 세계를 이끈 주도 국가였다. 그러니 영국적 가치관은 그 시대를 대변하는 철학일 수밖에 없었다.

그 뒤 영국에서 탄생한 자본주의는 그대로 현대 문명의 기본 틀이 되었다. 이 때문에 18세기 영국의 가치관과 철학은 지금 사람들에게도 그대로 영향을 미치고 있다. 그러면 그 당시 영국을 주름잡던 철학은 무엇이었을까? 바로 '최대 다수의 최대 행복'이라는 말로 유명한 공리주의(utilitarianism)이다.

철학, 역사를 만나다

철학적 급진주의자들

칸트(Immanuel Kant, 1724~1804)나 헤겔처럼 한 시대를 풍미하던 유명한 독일 철학자들은 대학 교수로 평생 동안 철학만 했던 사람들이다. 반면, 그때만 해도 잘 알려진 영국 사상가 중에는 '직업 철학자'가 드물었다. 로크나 흄(David Hume, 1711~1776) 같은 영국의 대표적인 철학자들은 사업이나 정치, 외교에 더 열심이었던 사람들이다. 공리주의의 창시자 격인 벤담(Jeremy Bentham, 1748~1832) 또한 정치가로서 명망이 높았고, 제자인 밀(John S. Mill, 1806~1873)은 평생 동안 **동인도 회사**의 간부를 지냈다.

> **동인도 회사** 17세기 초 영국·프랑스·네덜란드 등이 동양에 대한 독점 무역권을 부여받아 동인도에 설립한 여러 회사. 각국의 동인도 회사는 동인도의 특산품인 후추·커피·사탕·면포 등의 무역 독점권을 둘러싸고 경쟁했다.

'사업과 정치 현장'에서 뛰고 있는 사람들이 공허한 이상에만 매달리고 있을 리는 없을 터, 이들은 현실 논리에 대단히 밝았으며 경험에 바탕을 둔 실용적인 생각으로 무장하고 있었다. 그래서 철학사가(哲學史家)들은 이 시대의 영국 사상을 흔히 '영국 경험론'이라고 부른다. 벤담과 밀의 공리주의는 이러한 현실주의적인 바탕 위에서 태어났다.

벤담은 이렇게 말했다. "쾌락은 선(善)이고, 고통은 악(惡)이다." 윤리적으로 옳은 일이란 자신뿐 아니라 최대한 많은 이들에게 쾌락을 줄 수 있는 행동이다. 그리고 악한 행동이란 결과적으로 자신과 사람들에게 더 많은 고통을 안긴다. 사실 현대인들에게 이익이 좋고 손해는 나쁘다는 생각은 전혀 새로울 게 없다. 하지만 그 당시 사람들에게 벤담의 주장은 무척이나 낯선 것이었다. 역사가 오래된 영국은 전통을 중시하는 나라다. 게다가 이때만 해도 유럽에서는 여전히 종교가 세상을 좌

지우지하고 있었다. 대다수 사람들은 신의 명령을 따르는 게 선(善)이고, 욕구는 관습에 따라 억눌러야 하는 것으로 믿고 있었다.

이런 상황에서 쾌락이 선이고 '최대 다수에게 최대 행복'을 주는 게 곧 올바른 행위라는 벤담의 주장은 세상을 뒤엎을 만큼 획기적이고 과격한 발상이었다. 귀족이나 성직자에 대한 특혜가 당연했던 시절에, 누구나 쾌락을 추구할 권리가 있으니 모두의 행복을 존중해야 한다는 그의 말은 신분 질서를 뒤집는 혁명적인 발언이었던 것이다. 그뿐 아니라 벤담은 정치가로서 보통 선거와 비밀 선거 같은 파격적인 개혁안을 제출하기도 했다. 사정이 이러했으니, 벤담 추종자들이 '철학적 급진주의자'라고 불린 것도 당연하지 않을까?

자본주의에 날개를 달아 주다

그러나 벤담은 결코 혁명가가 아니었다. 그는 이미 빈사 상태에 있는 종교와 금욕적 관습에 '사망 선고'를 내린 사람에 지나지 않았다. 벤담은 박해를 받지 않았을뿐더러 오히려 인기가 치솟아, 유럽 각국에서 초빙 요청이 줄을 잇기까지 했다. 이미 새로운 경제 상황은 벤담식의 사고방식을 강하게 요구하고 있었던 것이다.

'최대 다수의 최대 행복'이라는 벤담의 생각은 자본주의에 날개를 달아 준 것이나 다름없었다. 현대인들에게 이 말은 사회 구성원 모두를 행복하게 만들어 준다는 '복지 국가의 이념'으로 들릴지도 모르겠다. 그렇지만 '최대 다수'가 꼭 '모든 사람'을 의미하는 것도, '최대 행복' 역

시 반드시 모든 이에게 쾌락이 골고루 돌아가야
한다는 뜻도 아니었다.

벤담의 주장은 "파이를 어떻게 나눌지부터 걱
정하지 마라. 파이 자체를 키우면 모두에게 돌아
갈 몫이 커진다."라는 지금의 대기업 논리와 정
확히 일치한다. 사람들은 제각각 자신의 이익만
을 위해 다투지만, 전체적으로 보면 사회적 부가
커져 모두가 행복하게 된다는 논리 말이다. 여기
에 제자인 밀이 한몫 거든다.

공리주의의 창시자로 불리는 제러미 벤담
은 차가운 철학을 살아 있는 인간 문제 속
으로 가져왔다.

"사람들 대부분은, 만약 당신이 짐승이 되어 준다면 동물적 쾌락을
완전히 누리게 해 주겠다는 제안을 거절할 것이다. 지성이 있는 인간은
누구도 자신을 바보로 만드는 데 동의하지 않기 때문이다. …… 만족
한 돼지이기보다 만족하지 않은 인간인 것이 좋다. 만족한 바보이기보
다 만족하지 않은 소크라테스인 것이 좋다."

쾌락을 추구하도록 사람들을 멋대로 풀어 놓아도, 결국 인간은 정의
나 선, 도덕 같은 인간다운 가치를 스스로 추구하게 된다는 뜻이다. 이
런 상황에서라면 교회나 국가가 나설 자리는 없다. 자본가들의 의지에
따라 경제 활동을 북돋아 준다면 모든 문제는 저절로 풀릴 테니까.

타인 위해의 원칙

나아가 정치 사상가로서 밀은 현대 자본주의의 근간이 될 만한 중

191

요한 사회 원칙을 제시했다. 이른바 '타인 위해의 원칙(Harm to Others Principle)'이 그것이다.

"정부가 개인의 생활에 간섭할 수 있는 경우는, 한 사람의 행위가 다른 사람에게 해를 끼치는 상황으로만 한정해야 한다."

곧 명확하게 상대를 해치는 경우가 아니라면, 국가는 개인의 재산이나 권리를 절대 침해해서는 안 된다는 의미다. 민주주의는 다수결을 원칙으로 한다. 그러나 '타인 위해의 원칙'에 따르면, 설사 다수가 결정한 사안이라 해도 소수의 권리를 함부로 제약해서는 안 된다. 그러므로 이 원칙은 소수자를 보호하기 위한 중요한 수단이 될 수 있다. 실제로 밀은 여성 차별이 당연한 시대에 남녀평등을 줄기차게 주장하고, 노동자 계층의 권리를 당차게 내세웠던 정치가이기도 했다.

더욱이 그는 자신의 저서인 《자유론》에서 그 유명한 '아웃사이더'론을 펼치기도 했다. 사회를 발전시키는 이들은 주어진 체제에 순응하는 사람들이 아니다. 오히려 체제에 대해 반론을 펼 수 있는 사람, 상식을 깨뜨리는 이들이 사회를 발전시키는 원동력이 된다. 밀은 관습이나 상식에 반하는 의견도 자유롭게 제기하고 토론할 수 있을 때 그 사회는 발전한다고 확신했던 것이다.

영국의 철학자이자 경제학자인 밀은 남녀평등은 물론 노동자의 권리를 옹호하는, 당시로서는 획기적인 주장을 서슴지 않았다.

밀의 주장은 지금도 가슴이 뭉클해질 만큼의 명언이다. 그러나 이런 말들 또한 자본가의 권리를 옹호하는 뜻으로 해석될 수 있다.

여성이 참정권을 얻게 된 뒤로, 여성의 정치 활동 및 사회 참여는 더욱 늘어났다. 사진은 1908년 영국 맨체스터에서 열린 여성 참정권 회의. (뉴욕타임스 소장 자료)

대개 어떤 사회에서건 가진 자는 소수이고 못 가진 자는 다수다. 따라서 민주주의 원리인 다수결에 '충실히' 따른다면 대다수 빈곤층이 부유층들을 억누르는 상황이 생길 수 있다. 그런데 역설적이게도 '타인 위해의 원칙'은 이 경우에도 소수를 보호하는 훌륭한 방어막이 된다. 명시적인 위험이 없는 한, 다수라 할지라도 절대 개인의 권리를 침해할 수 없기 때문이다. 대(大)자본가의 재산 상속, 시장 독점 등에 국가가 함부로 개입할 수 없는 이유를 밀은 훌륭하게 제시해 준 것이다.

상식이 되어 버린 철학

공리주의는 지금도 시대를 주름잡는 철학이다. 사람들은 '공익'이라는 개념 속에서 추상적인 정의(正義)만을 떠올리지 않는다. 이 단어는 오히려 현대인들에게 '모두에게 이익이 됨'이라는 물질적인 뜻으로 다가온다. 쾌락은 선이고, 좀 더 많은 사람들에게 쾌락을 줄수록 올바른 행위라는 공리주의의 생각이 생활 속에서 일반화된 결과다.

하지만 공리주의에 대한 평가는 그다지 높지 않다. 밀 자신부터도 그렇다. 밀은 스승인 벤담을 이렇게 평했다.

"위대한 철학자는 아니었지만, 철학에 있어 뛰어난 개혁가이기는 했다."

반면, 19세기 독일 철학자 니체(Friedrich W. Nietzsche, 1844~1900)는 밀을 이렇게 평한다.

"존경할 만하나 평범한 영국인이었다."

자본주의는 벤담과 밀의 시대나 우리에게는 '상식'에 가깝다. 공기가 없으면 하루도 살 수 없지만, 일상에서 공기의 의미를 생각하는 일은 좀처럼 없다. 자본주의, 그리고 그 기본 틀 가운데 하나인 공리주의도 마찬가지다. 그러니 특별히 공리주의를 일상에서 주목할 일도 흔치 않다.

그러나 익숙하고 당연한 것에 대한 반성은 큰 깨달음을 줄 수 있다. 공리주의, 나아가 경쟁과 효율 같은 자본주의의 근본 가치에 대해 한번쯤은 깊이 반성해 보자. 나 자신과 우리 사회를 한 뼘 높이 키우는 새로운 사고는 이러한 고민에서 출발한다.

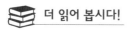 더 읽어 봅시다!

- 밀의 《자유론》, 《자서전》

밀의 《자유론》

"전체 인류 가운데 단 한 사람의 생각이 다르다고 해서 그 사람에게 침묵을 강요해서는 안 된다. 이는 한 사람이 자기 생각과 다르다고 해서 나머지 모든 사람에게 침묵을 강요하는 것만큼이나 용납될 수 없는 일이다. …… 생각에 대한 억압이 심각한 문제인 가장 큰 이유는, 그런 행위가 지금 세대뿐만 아니라 미래 인류에게까지 강도질을 하는 것과 같기 때문이다. 만일 그 의견이 옳다면 억압하는 행위는 오류를 밝히고 진리를 찾을 수 있는 기회를 빼앗는 것이다. 설령 잘못된 견해라 해도, 의견을 억압해서는 안 된다. 이는 잘못된 견해와 옳은 의견을 대비시킴으로써 진리를 더 생생하고 확실하게 드러낼 수 있는 매우 소중한 기회를 잃는 것이기 때문이다."

– 2장 〈사상과 언론의 자유〉 중에서

"천재는 오직 자유의 공기 속에서 자유로이 숨 쉴 수 있다. 천재는 다른 이들보다 더 개인적이기 때문에 사회가 쳐 놓은 작은 그물 안으로 들어가기를 유독 두려워한다. 만일 그들이 감수해야 할 처벌이 두려워 그 작은 틀 속으로 억지로 들어가 살기로 결심한다면, 그래서 그런 억압을 통해 자신의 재능을 사장시킨다면 사회는 천재들에게서 아무것도 얻지 못할 것이다."

– 3장 〈복지의 한 요소로서의 개별성〉 중에서

15

절대정신이 지배한
철학자

헤겔

"진리는 항상 여러 가지로 이야기된다."
– 《헤겔 전집》 각 권 속표지에 적혀 있는 소포클레스의 말

늙은 헤겔과 젊은 헤겔의 싸움?

시대의 주류가 되는 철학은 '히트 상품'과 유사한 데가 있다. 경기가 좋을 때 잘나가는 상품이 있는가 하면 불황기에 더 인기인 제품도 있듯, 혼란기와 번영기에는 유행하는 철학이 서로 다르다. 혼란기에는 주로 강력한 변혁 의지로 가득한 카리스마 넘치는 철학이, 번영기에는 개인의 권리와 행복을 추구하는 철학이 사람들의 가슴을 사로잡는다(물론 마이너 그룹은 어디에나 있는 법이라 혼란할수록 세상과 인연을 끊고 '마음의 안정'만을 찾는 사람들도 있다. 장자, 에피쿠로스(Epicouros, 기원전 341~기원전 270) 같은 철학자들이 그렇다).

그렇다면 식민지 쟁탈과 서구 열강들 사이의 전쟁으로 얼룩졌던 19세기, 그리고 두 번에 걸친 세계대전과 냉전으로 불안했던 20세기를 주름잡았던 철학자는 누구일까? 단연 헤겔이다. 19~20세기 서양 철학의 역사는 헤겔을 놓고 벌어진 다

'서양 근대 철학의 최고봉'으로 불리는 헤겔의 초상화.

국가 사회주의 자본주의를 기본
경제 체제로 인정하고, 국가의 개
입으로 사회주의를 실현하고자
하는 사상으로 19세기 중반, 독
일에서 등장했다. 20세기에 히틀
러는 국가 사회주의를 이념으로
하는 '국가 사회주의 독일노동자
당(나치당)'을 창당했다.

틈이라 해도 지나친 말이 아니다. 뒤에 다시 살펴보
겠지만 히틀러 같은 **국가 사회주의자**들, 마르크스 같
은 공산주의자들 역시 헤겔 사상에 기초를 두고 있
다. 1960년대에 최고 인기를 누렸던 실존 철학의 여
러 갈래들 역시 헤겔 사상에 대한 반발이었다는 점
에서 그의 그늘에서 벗어나지 못했다고 할 수 있다.

심지어 헤겔 추종자들 사이에서도 '청년 헤겔 파'와 '노년 헤겔 파'로
나뉘어 사상 다툼이 벌어졌다. 제자는 스승을 닮게 마련이다. 제자들이
치고받는 모습에서, 우리는 헤겔의 사상이 얼마나 변화와 투쟁으로 가
득 찬 역동적인 철학인지 감 잡을 수 있을 것이다.

자유의 나무를 심다

그러면 헤겔의 철학은 어떤 배경에서 태어났을까? 독일은 보
통 문학과 음악, 철학의 나라로 통한다. 괴테(Johann W. von Goethe,
1749~1832), 베토벤(Ludwig van Beethoven, 1770~1827), 헤겔이라는 게
르만 트로이카의 영향 때문이다. 그러나 독일은 사실 헤겔의 시대에 이
르기 전까지만 해도 유럽에서 가장 별 볼 일 없는 나라에 지나지 않았
다. 로마 시대의 독일, 곧 게르만은 야만족이 사는 산림 지역이었으며,
18세기까지도 통일 국가를 이루지 못하고 수백 개의 약소 제후국(諸侯
國)들이 난립해 있던 가장 못사는 동네였다. 이렇게 워낙 힘이 없는 지
역이다 보니 아무나 끼어들어서, 급기야는 가톨릭과 개신교 국가 사이

에 벌어진 30년 전쟁의 싸움터가 되어 버리고 말았다. 그 결과 국토는 황폐해지고 인구도 3분의 1로 줄어 버렸다.

독실한 신자는 삶에 찌들 대로 찌든 사람 중에서 많이 나오는 법이다. 나의 고생이 단순한 '생고생'일 뿐이라면 삶은 정말 고달픈 여정일 수밖에 없다. 하지만 지금의 고난이 신이 나를 일깨우기 위해 예정해 놓은 과정이라면 어떨까? 가난과 고통도 거룩하고 아름다운 희망으로 다가올 것이다.

약소국의 젊은이 헤겔이 품은 생각도 이와 크게 다르지 않았다. 그는 인류 역사를 자유가 실현되어 나가는 과정으로 보았다. 역사의 중심은 오직 한 사람의 전제 군주만이 자유로웠던 동방 제국(헤겔은 중국의 진나라 시황제를 그 예로 들었다)에서, 소수가 자유로웠던 그리스 로마 문명으로, 다시 모두가 자유로운 독일 사회로 옮겨 간다고 생각했다. 지금의

헤겔은 프랑스 혁명을 자유의 확대라는 역사의 과정이 실현됨을 보여 주는 구체적 사례로 여겼다. (장 레쉬외르, 〈프랑스 혁명을 기념해 자유의 나무를 심는 사람들〉)

혼란은 더 큰 자유를 낳기 위한 역사의 진통 과정일 뿐이다. 그는 조국이 이 지난한 과정을 거쳐 결국 위대한 국가로 거듭날 것이라고 굳게 믿었다.

그러니 1789년, 프랑스 혁명이 일어났을 때 청년 헤겔은 열광할 수밖에 없었다. 이는 자유의 확대라는 역사적 과정의 실현을 보여 주는 구체적인 사건이었기 때문이다. 그는 이를 기념하여 튀빙겐 숲에 '자유의 나무'를 심기까지 했다. 심지어 죽을 때까지 혁명 기념일에 맞추어 축배를 들었다고 한다.

"나는 절대정신을 보았다"

헤겔의 사상은 난해하기 그지없다. 역사상 가장 어렵게 글을 썼던 사람을 뽑는 대회가 있다면 아마도 헤겔이 단연 1위를 차지할 것이다. 생전에 헤겔은 자신의 글쓰기를 '독일어(모국어)로 철학하려는 시도'라고 했다. 그렇지만 헤겔의 생각과는 달리 그의 사상은 독일 사람들조차 "저건 독일어가 아니라 '헤겔 어'야!"라고 말할 만큼 어렵다. 그는 왜 그리 책을 어렵게 썼을까?

이는 마치 수학이 어려운 것과 똑같은 이치다. 수학은 복잡한 듯하지만, 실은 세상에서 여러 움직임을 가장 일관되고 명쾌하게 풀어 보여 줄 수 있는 학문이다. 헤겔 철학도 마찬가지다. 그는 인간의 사고 · 역사 · 사회 등 모든 면을 간명하게 설명해 줄 수 있는 거대하면서도 완결된 철학 체계를 만들려고 했다.

모든 것에 적용할 수 있으려면 이론은 구체적인 몇몇 사례에 머물러서는 안 된다. 되도록 추상적이어야 세상의 여러 측면에 고루 적용할 수 있다. 이처럼 만물을 끌어안으려고 뼈와 살을 버리고 정신의 영역으로 치솟아 올라가는 헤겔의 철학이 결코 쉬울 리가 없다. 하지만 헤겔 철학의 기본 원리는 간단하다. 헤겔의 주장은 한마디로 '역사란 절대정신의 자기실현 과정'이라는 말로 요약할 수 있다. 도대체 무슨 말일까?

조각 작품을 예로 들어 보자. 처음에 조각 작품은 예술가의 머릿속에만 있다. 그러다 예술가가 돌덩이에 정을 대는 순간부터 상상에 지나지 않았던 작품은 점점 눈에 보이는 실체로 드러나기 시작한다. '절대정신의 자기실현'도 이와 똑같다. 절대정신이란 '신의 섭리'와 비슷하다. 절대정신은 처음에는 '~해야 한다'는 생각에 지나지 않지만, 역사를 통해 점점 자신의 모습을 구체적으로 드러낸다.

프랑스 혁명은 자유, 평등, 박애라는 추상적인 이상이 역사를 통해 구체적인 형태로 실현된 사례였다. 이처럼 절대정신은 마치 조각가가 머릿속의 구상을 돌덩이에 구현해 나가듯이, 시간이 흐를수록 자신의 모습을 역사 속에서 완성해 나간다. 조각가는 결국 처음 상상했던 모습대로, 보고 만질 수 있는 작품을 만들어 낼 것이다. 마찬가지로 절대정신도 마침내는 변화와 투쟁의 역사 속에서 자기 자신을 완성시킬 터이다.

그러나 사람들은 절대정신이 역사 속에서 작용하고 있음을 의식하지 못한다. 단지 자신의 이익을 위해 버둥거리며 살고 있을 뿐이다. 어떤 사람은 카이사르(Julius Caesar, 기원전 100~기원전 44)나 나폴레옹 같은 위대한 영웅이 역사의 흐름을 바꾼다고 생각할지도 모른다. 하지만 이는 이성의 간교한 지혜가 작용한 결과다. 월급쟁이는 먹고살기 위한

헤겔은 예나 전투에서 승리한 후 행진하는 나폴레옹을 보고도 "절대정신을 보았다"며 경탄했다. (샤를 메이니에, 〈참모들에게 둘러싸여 베를린으로 들어가는 나폴레옹〉)

자신의 고단한 일이 세계 경제 변화에 어떻게 기여하는지 파악할 수 없다. 그래도 변화는 이런 세세한 작업들이 모여서 이루어진다. 마찬가지로 '때가 맞지 않으면' 결코 영웅이 출현할 수 없다. 우리가 의식하지 못하는 사이에도 절대정신은 개개인과 구체적인 사건들로 실현되고 있다는 의미다.

헤겔은 예나 거리에서 말 탄 나폴레옹을 보고 "나는 절대정신(시대정신)을 보았다."라고 경탄했다. 엄밀히 따지면 나폴레옹은 조국을 짓밟고 헤겔을 예나 대학에서 내쫓은 침략자였다. 하지만 역사라는 큰 틀에서 보았을 때, 나폴레옹을 절대정신이 자기를 실현하기 위한 수단, 곧 인류의 자유를 확대하기 위한 도구라고 해석했던 것이다.

프로이센의 철학적 대변자

말년으로 갈수록 헤겔은 안정을 찾아 갔다. 김나지움(우리식으로 말하면 고등학교)의 교장으로 안정된 직장을 얻더니, 스무 살 연하의 아가씨와 결혼까지 했다. 젊었을 때 투사였던 사람이 말년에 '보수 논객'으로 탈바꿈하는 모습은 우리 사회에서도 쉽게 찾아볼 수 있다. 헤겔 역시 그랬다.

당시 독일은 시간이 갈수록 점점 더 세계의 중심으로 떠오르고 있었다. 프로이센의 프리드리히 2세(Friedrich Ⅱ, 1712~1786)는 상업을 중시하고 강한 군사력을 바탕으로 영토를 넓혀 갔다. 하지만 덩치가 크다고 모두 위대한 국가가 되는 것은 아니다. 나라가 안정될수록 국가의 머리가 될 만한 사상과 철학, 곧 국민을 하나로 뭉치게 할 이념의 구심점이 더욱더 절실해지는 법이다.

그 뒤 국왕의 자리를 이어받은 프리드리히 빌헬름 3세(Friedrich Wilhelm III, 1770~1840)는 베를린 대학을 '제국의 정신'으로 만들려고 했다. 헤겔이 베를린 대학 정교수로 초빙된 것은 이 무렵이다. 확실히 그는 프로이센의 통치를 정당화할 만한 최상의 이념을 제공할 수 있는 철학자였다.

그는 사회 제도를 가족, 시민, 국가로 나누었다. 혈연으로 맺어진 가족 단계에서는 개인의 이익이 곧 집단의 이익이나 마찬가지다. 그러나 가족만으로는 원활한 생활을 할 수 없으므로, 경제적인 이익 관계로 엮인 시민 사회가 형성된다. 그런데 서로가 필요에 따라 협력하는 사회생활에서, 개인은 이해관계가 다른 이들과 갈등을 겪을 수밖에 없

프로이센-오스트리아 연합군과 나폴레옹의 프랑스군은 1813년 10월, 독일 라이프치히에서 대규모 전투를 벌였고 결과는 프로이센 연합군의 승리로 끝났다. (요한 크라프트, 〈1813년, 라이프치히에서의 승리 선언〉)

다. 따라서 분열되기 쉬운 시민 사회를 하나로 엮을 수 있는 좀 더 고차원의 공동체가 요구된다. 그것이 바로 '국가'로, 헤겔은 이 국가를 인간의 도리〔人倫, Sittlichkeit〕 자체라고 불렀다. 그리고 헤겔에게 국가는 프로이센을 의미했다.

한마디로 국가에 절대 복종해야 개개인의 신상에도 좋고 도덕적으로도 바람직하다는 뜻이다. 상업은 그 특성상 자유로운 인간관계와 개인 중심의 가치관을 필요로 한다. 프로이센은 상업으로 국력을 키운 나라다. 그러나 동시에 프랑스, 오스트리아 같은 주변 강대국과 싸우려면 강한 군사력도 있어야 했다. 이 모순된 요구를 헤겔은 국가를 역사 발전의 최고 단계에 놓음으로써 간단히 해결했던 것이다. 그 뒤로 헤겔은 '프로이센의 철학적 대변자'로 여겨져 이름을 날렸다.

헤겔이 역사에 남긴 것

헤겔 이후의 시대는 '이념 과잉의 시대'나 다름없었다. 히틀러의 국가 사회주의, 이탈리아의 파시즘, 마르크스의 공산주의 등 온갖 이념이 19~20세기의 세계를 지배했다.

같은 독일인이었던 히틀러의 생각은 따지고 보면 헤겔 사상의 연장선상에 있다. 그는 나치의 지배를 '제3제국'이라고 불렀다. 히틀러의 주장에 따르면, 게르만이 만든 제1제국은 '신성 로마 제국'이다. 그리고 제2제국은 헤겔이 기반을 닦고 비스마르크(Otto E. L. von Bismarck, 1815~1898, 독일 제국을 건설하고, 프로이센을 중심으로 독일 통일을 완성한 정치가)가 완성시킨 '프로이센'이다. 그리고 히틀러의 제국은 마침내 고난을 완전히 털고 일어선 제3의 제국이라는 것이다. 역사를 절대정신의 실현이라고 보는 헤겔의 관점이 히틀러에게 암암리에 묻어 있음을 알 수 있다.

헤겔 사상에 기반을 둔 철학은 하나같이 거대하고 고상한 이념을 위해 개인이 희생할 것을 강요한다. 심지어 헤겔 사상은 일본 제국주의에까지 영향을 미쳤다. '베끼기 천재' 일본이 독일에서 수입한 것은 정연한 군대 규율과 헤겔 철학이었다. "천황을 위해 목숨을 초개와 같이 버린다."라는 가미카제 정신이 어디에서 왔는지 차근히 따져 보면, 헤겔도 전범의 혐의에서 완전히 자유로울 수는 없을 것이다.

하지만 냉전이 종식된 21세기 현대는 미국의 정치학자 프랜시스 후쿠야마(Francis Fukuyama, 1952~)의 말처럼 **'역사의 종말'** 시대다. 이제는 거창한 이념을 위해 개인의 희생을 강요하기보다는 거꾸로 개개인의

15 절대정신이 지배한 철학자

역사의 종말 시대 프랜시스 후쿠야마가 그의 저서 《역사의 종말》에서 한 말로, 그가 말하는 종말이란 인간의 역사가 완전히 끝나 버린다는 뜻이 아니라, 인류 사회가 더 이상 변하지 않는다는 것을 의미한다. 그는 자유 민주주의가 이데올로기 진보의 종점이자 인류 최후의 정부 형태인데, 지금의 자유 민주주의 이념은 더 이상 개선할 여지가 없을 정도로 완벽하기 때문에 '역사의 종말'이 도래했다고 주장했다.

삶을 가장 행복하게 해줄 수 있는 이념을 찾아내야 한다. 안타깝게도, 21세기에는 이런 필요를 충족해 줄 만한 철학의 거장이 아직 등장하지 않았다. 민족, 이념, 국가라는 거대 이념의 틀을 벗어 버리지 못한 채 죄 없는 사람들을 수없이 희생시키는 테러리스트들을 보며, 철학의 역할을 다시금 생각해 본다.

 더 읽어 봅시다!

- 손철성의 《헤겔&마르크스: 역사를 움직이는 힘》
- 심옥숙의 《만화 헤겔 역사철학 강의》

헤겔의 변증법

헤겔은 《논리학》에서 모든 현실과 역사의 전개 과정을 '변증법'으로 파악하였다. 변증법(dialectic)은 참과 거짓이 서로 분명히 구분되는 논리의 세계와는 다른 방식으로 세계를 설명한다. 예컨대, "이 컵은 둥글다."가 참이면, "이 컵은 둥글지 않다."는 반드시 거짓이다. 그러나 시간을 두고 여러 관점에서 보아서, "저 컵은 둥글다."고 처음에 생각했으나 나중에 "저 컵은 둥글 뿐만 아니라 원통형이다."라는 사실을 발견했다면 어떤가? 앞의 주장이 참이면 뒤의 주장은 거짓인가? 둘 다 옳다.

이와 같이 헤겔은 이 세상 모든 것들은 그 안에 모순을 담고 있으며, 그 모순은 진보와 개선의 방향으로 나아간다고 주장한다. 이러한 세상의 발전 과정을 그는 '변증법'이라는 용어로 설명하고 있다. 변증법은 정반합(正反合)의 형식으로 되어 있다.

먼저 그는 어떤 것이 모순을 지닌 채로 있는 것을 '정(正)', 이 '정'을 부정(不定)하여 모순을 털어 버린 상태를 '반(反)'이라 생각했다. 예컨대, "저 컵은 둥글다."가 '정'이라면 "저 컵은 둥글지 않다(장방형이다)."라는 발견은 '반'이다. 하지만 비록 '반'이 '정'의 모순을 털어 버렸다고는 하나, 그것도 세상 안에 있다면 약점과 한계가 있을 수밖에 없다. 따라서 '반'의 상태에서 버릴 것은 버리고 취할 것은 취하면서 한 단계 높아진 결과인 '합(合)'으로 나아간다. "이 컵은 원통형이다." 그리고 '합' 역시 세상 안의 것이라면 다시 모순을 포함하고 있는 새로운 '정'일 수밖에 없기 때문에, 앞의 과정을 또다시 반복하면서 진리에 가깝게 나아간다.

16

히틀러를 위한
철학자?

니체

"사람들은 군주를 신과 비슷한 방식으로 대하곤 한다.
실제로 종종 왕은 신의 대리자이며 제사장이기도 했다. 존경과 불안과 수치감에서
나온 이런 경외심은 많이 약해졌고, 지금도 약해지고 있기는 하다.
그러나 때때로 그것은 강한 인물 위로 달라붙곤 한다.
천재에 대한 찬양은 군신 숭배의 반향이다.
사람들 하나하나를 초인간적인 데로 고양시키려는 곳에서는 민중들을 실제보다
더욱 미속하고 저속하게 여기게 하려는 경향 또한 존재한다."
—니체, 《인간적인, 너무나 인간적인》 중에서

허무주의 그리고 신의 죽음

우리는 지금 역사상 가장 풍요로운 시대를 살고 있다. 한 세기 전만 해도 왕의 식탁에나 오를 법한 각종 농수산물들을 우리는 일상의 음식으로 먹고 있다. 한겨울에 따뜻한 물로 매일 목욕할 수 있다는 사실도 전혀 신기한 일이 아니다.

하지만 그렇다고 해서 우리가 지금 역사상 가장 행복한 시대를 살고 있다고 할 수 있을까? 나아가 앞으로 문명이 더 발전하게 되면 사람들은 더욱 행복해질 것이라 장담할 수 있을까? 잘사는 나라일수록 자살률이 높다. 선진 문명의 혜택을 많이 받을수록 꿈이 없는 삶을 사는 경우도 많다. 우리 사회만 해도 그렇다. 끼니 걱정하며 살았던 1960~70년대의 학생들은 그래도 '정의 사회 건설'이란 큰 포부와 이상을 품고 있었다. 그러나 상대적으로 풍요로운 지금, 젊은이들의 책상 위에는 취업을 위한 교재들만이 놓여 있을 뿐이다. 그들 중 대부분은 여가 시간에도 컴퓨터 게임과 웹툰 보기 등으로 소일한다.

사회가 발전할수록 사람들은 점점 더 작아진다. 영웅은 사라지고 작

니체는 키르케고르와 함께 실존주의의 선구자로 불린다.

은 이익을 다투는 소시민들만이 남을 뿐이다. 거기다가 원대한 꿈과 이상은 스러져 가고 문화는 말초적인 쾌락을 추구하는 방향으로 타락하고 있다. 그런데도 삶은 더욱더 권태로워지고 있다. 경제는 발전하고 문명은 진보하고 있다는데도 말이다.

그렇다면 과연 무엇이 잘못된 것일까? 나아질수록 더 불행해진다는 이 괴상한 문명의 역설은 어디서 생긴 걸까? 여기에 대해 니체는 명확한 진단과 처방을 내린다. 그는 현대 문명이 허무주의(nihilism)에 빠져 있다고 잘라 말한다. 삶의 의미와 목표를 잃고 허우적거리고 있다는 뜻이다. 그 원인은 사람들이 이미 수명이 다한 낡은 가치관에 목을 맨다는 사실에 있다. 그래서 니체는 외친다. "신은 죽었다."라고. 그래서 초인(超人) 중심의 새로운 도덕이 필요하다고. 도대체 무슨 뜻일까?

인간 사회는 "가축 떼가 되어 버렸다!"

니체가 살았던 19세기는 발전과 혼란이 함께하던 시기로, 한편에서는 자본주의가 맹렬한 속도로 나아가고 있었다. 산업은 나날이 번창했고, 돈의 위력은 하루가 다르게 사회 곳곳을 지배해 갔다. 자본가들은 이렇게 주장하기 시작했다. "인간은 누구나 자신의 욕망을 추구할 권리가 있다. 그러니 국가는 남에게 피해를 주지 않는 한 개인의 삶에 쓸데없이 끼어들면 안 된다." 이들의 생각은 한마디로 '자유주의'라는 말로 요약할 수 있을 것이다.

그리고 다른 한편에서는 사회 발전에서 소외된 자들이 힘을 모았다. 노동자들은 더 이상 착취당하려고만 하지 않았다. 그들은 모두 평등한 세상을 꿈꿨다. 노동하는 다수가 주인으로 대접받는 사회, 그것이 진정 제대로 된 세상일 터였다. 이러한 주장은 1848년 마르크스와 엥겔스의 '공산당 선언'으로 명확해졌다. '사회주의'는 바로 노동자들의 생각이 담긴 이념이었던 것이다.

니체의 조국 독일은 그 당시에 가장 부흥한 국가였다. '철혈재상(鐵血宰相)' 비스마르크의 강력한 지도 아래, 약골 국가였던 독일은 어느덧 유럽의 강국으로 거듭나고 있었다. 발전이 도드라진 나라일수록 문제도 분명하게 드러나는 법이다. 독일에서는 자본가와 노동자 계층이 동시에 성장하고 있었고, 그 과정에서 두 계층 사이의 갈등이 첨예하게 나타났다. 이런 상황에서 니체는 자유주의와 사회주의 양쪽을 모두 비판했다.

니체는 전형적인 수재 청년이었다. 인문 영재 교육으로 유명한 슐포르타 기숙학교의 장학생이었던 그는 고전 문헌학을 전공하고 있었다. 고전 문헌학이란 주로 고대 그리스·로마의 글들을 해석하고 의미를 찾는 학문이다. 원래 문제는 한발 떨어져 있을 때 더 잘 보이는 법, 니체는 고대 그리스의 모습에 비추어 자신의 시대를 진단하였다.

그는 당시를 '정치가 위축된 시대'로 규정한다. 정치란 원래 사회의 가치와 이념, 목표를 만드는 행위다. 그러나 이제 정치는 타협 행위일

사회가 발전할수록 사람들은 눈앞의 작은 이익을 위해 다투고 점점 개인화된다. (피터르 브뤼헐, 〈세금징수원의 사무실〉)

뿐이다. 미래상과 꿈을 제시해 주기는커녕, 사람들 사이에서 일어나는 잇속 다툼이나 조정해 주는 역할에 머무르게 되었다는 뜻이다.

자유주의는 사람들 개개인의 욕망을 그 자체로 '자유'로 인정한다. 그러자 우월과 열등의 구분은 사라져 버렸다. 뛰어난 사람의 욕구와 저열한 사람의 욕망을 똑같이 가치 있다고 인정하는 탓이다. 사회주의도 마찬가지다. 사회주의의 가장 큰 가치는 '평등'이다. 모두가 평등하다면, 사회를 발전시킬 새롭고도 뛰어난 이념을 갖고 있는 사람도 다수와 똑같이 대접 받을 뿐이다.

그 결과, 인간 사회는 "가축 떼같이 되어 버렸다". 사회 전체가 "미래를 낳는 능력을 상실해 버린 나머지", 새로운 이상과 가치에 도전하기보다는 고만고만해져 버린 사람들 사이의 사소한 잇속 다툼 속에 매

철학, 역사를 만나다

몰되어 버린 것이다. 이제 인류에게는 일상의 생존을 두고 벌어지는 싸움밖에 남은 게 없었다. 그리고 그런 인류 앞에 놓여 있는 것은 허무뿐이었다.

노예의 도덕과 주인의 도덕

그렇다면 문명은 왜 이렇게 타락하고 말았을까? 니체는 그 원인을 인류가 이미 수명이 다한 낡은 가치관에 여전히 목매달고 있다는 사실에서 찾는다. 그는 겸손·순종·친절·동정 등 우리가 품고 있는 '선함'의 기준이 실은 '노예의 도덕'에 지나지 않는다고 말한다. 노예는 항상 주인에게 겸손하고 순종해야 하며, 친절하고 배려할 줄 아는 마음을 지녀야 한다.

하지만 주인은 그래야 할 필요가 없다. '주인의 도덕'은 자신의 고결한 정신에 따라 원하는 대로 하는 것을 의미한다. 주인은 밝고 당당하며 거침없고 냉혹하다(옛날 귀족들을 떠올려 보라). 주인은 명예를 소중히 여기며 무엇보다도 자신의 의지를 중요하게 생각한다.

그런데 어찌 된 일인지 주인이 되어야 할 사람들도 지금은 '노예의 도덕'을 따르고 있다. 아무리 영리하고 강하다 할지라도, 노예처럼 자신의 힘을 감추고 겸손해하지 않는 인간은 '도덕적이지 못한' 인간으로 평가받는다. 도덕은 강자를 약자처럼 만들어 버렸다. 겸손·순종 등의 약한 자의 품성과 덕목이, 강한 자의 도덕보다 더 우월하다고 여겨지고 있는 것이다.

니체는 기독교가 인류를 저열한 자들의 기준에 맞추어 타락시키고 있다고 주장했다. 그리고 이러한 기독교적 가치관을 버려야 한다는 의미에서 "신은 죽었다."라고 선언했다. (루카스 크라나흐, 〈그리스도의 진정한 종교와 적(敵) 그리스도의 거짓 교리〉)

  니체가 보기에, 이렇듯 모두를 노예로 만들어 버린 '주범'은 기독교다. 기독교는 불구자, 악한, 부끄러운 병을 앓는 자, 구제할 길 없는 범죄자들을 모두 주인과 같은 인간으로 보고 사랑할 것을 강조했다. 그리고 열등한 인간의 기준에 인류 전체를 맞추어 버렸다. 그래서 니체는 외친다. "신은 죽었다."라고. 기독교가 인류를 저열한 자들의 기준에 맞추어 타락시키고 있다면, 이제 그러한 가치관을 버려야 한다는 뜻이다. 인류에게 중요한 과제는 모든 사람을 배려하고 향상시키는 것이 아니라 좀 더 뛰어나고 강한 사람을 길러 내는 데 있다. "인류의 도덕은 가장 뛰어난 자에 의해 정해져야 한다."

  지금의 예를 들어 풀이해 보자면, 이 말의 뜻은 간단하다. 예술적 감수성이 풍부하고 아이디어도 많은 직원이 있다고 치자. 그가 아무리 뛰어난 식견을 펼쳐 보인다 해도, 주변에 무능하기 짝이 없는 평범한 사람만 존재한다면 이는 발현되지 못하고 묵살당하기 쉽다. 오히려 '위계질서를 모르는 사람', '되바라진 사람' 등으로 매도당하고, 침묵하며 '조직의 질서'를 지키라고 강요받을지도 모를 일이다. 니체에 따르면, 이처럼 현대 문명은 다수가 문명을 이끌어 갈 뛰어난 소수를 약자라는 이유로 억누르는 모양새를 띠고 있다.

사상가 니체, 행동가 히틀러

나아가 니체는, '최후의 인간'과 '초인'을 대비시킨다. '최후의 인간'은 쾌락과 만족에 빠진 나머지 모든 창조력을 잃어버린 사람들이다. 생각 없이 일하고 시간 나면 텔레비전 등으로 소일하는 현대인들은 대부분 이런 '최후의 인간'에 해당될 듯싶다.

반면, 지성과 긍지로 가득 찬 '초인'은 넘치는 생명력으로 끊임없이 스스로의 한계에 도전하며 더 높은 곳으로 자신을 끌어올리는 사람이다. 그는 위험을 무릅쓰고 투쟁하며 자신의 운명을 개척해 나간다. 그는 소심하지 않고 지속적으로 위대함을 갈망한다. '주인의 도덕'을 따르는 그는, 낡은 가치관을 무너뜨리고 새로운 삶의 기준을 세우며 인류를 이끌어 나간다.

불행히도 니체의 이러한 생각은 뒤에 히틀러에 의해 완벽하게 왜곡되고 말았다. 1889년, 45세의 나이에 완전히 미쳐 버리고 만 니체는 56세를 일기로 숨을 거둘 때까지 온전한 정신을 회복하지 못했다. 그때부터 니체는 그를 숭배했던 여동생 엘리자베트(Elisabeth F. Nietzsche, 1846~1935)에 의해 '니체 신화'로 거듭나기 시작했다.

먼저 엘리자베트는 흩어져 있던 그의 저술들을 모아서 '니체 문서 보관소'를 열었다. 때에 따라서는 흰 사제복을 입힌 미친 니체를 보관소 한쪽에 '전시'해 놓기까지 했다. 그뿐 아니라 지독한 유대인 혐오주의자였던 그녀는 니체의 메모를 모아 자기 입맛대로 편집하여 세상에 내놓았다. 엘리자베트는 심지어 히틀러에게 "니체가 말한 '초인'은 바로 당신을 염두에 둔 것"이라고 말하기까지 했다. 그녀가 니체의 대표작인 《차라투스트라는 이렇게 말했다》를 일선의 독일 병사들에게 보낸 것도 이 무렵이다.

《차라투스트라는 이렇게 말했다》 1885년 출간된 기념비적 저작으로 니체는 이 책에서 '최후의 인간'과 '초인'을 대비시킨다. '최후의 인간'은 쾌락과 만족에 빠져 지내며 하루하루 살아가는 사람이고, '초인'은 지성과 긍지로 가득 찬 데다 넘치는 생명력으로 끊임없이 한계에 도전하는 사람이다. 그는 이 책을 쓰고 매우 만족하며 '독일어의 수준을 한 단계 끌어올렸다'고 자부했지만, 당시 이에 대한 사회적 반응은 거의 없었다.

사실, 니체의 사상은 나치의 행동을 정당화해 주는 것으로 해석될 수도 있다. 나치는 유대인이나 슬라브 인들을 '하위 인간(Unter-menschen)'으로 분류하고, 우월한 아리안 족, 곧 독일 민족이 '지배 민족(Herrenvolk)'으로서 그들을 지배하며 문명을 이끌어야 한다고 주장했다. 이런 생각은 분명 우월한 초인이 열등한 다수를 이끄는 것이 제대로 된 문명이라는 니체의 생각과 통하는 면이 있었다. '사상가 니체, 행동가 히틀러'라는 도식은 괜히 생긴 게 아니다.

철학, 역사를 만나다

니체의 여동생인 엘리자베트가 만든 '니체 문서 보관소'의 전경.

망치를 들고 철학을 하다

그러나 독일의 실존주의 철학자인 하이데거(Martin Heidegger, 1889~1976)가 1961년에 《니체》를 출간한 이후, 니체는 새롭게 해석되고 있다. '나치 철학자'라는 누명도 이제는 거의 다 벗겨진 상태다. 그것은 동생 엘리자베트가 해석한 니체였지, 결코 그 자신의 사상은 아니었다. 니체는 사실 나치가 내세우는 어설픈 민족주의나 유대인 혐오 사상을 극도로 싫어했다. 그가 내세운 '초인'은 결코 인종적이거나 태생적으로 구분되는 특성이 아니다.

니체는 '정신적 귀족주의자'라 할 수 있다. 다수의 욕구를 맹목적으로 좇는다면 인류는 발전할 수 없다. 그는 창조적인 뛰어난 소수가 '망치를 들고 철학을 하는 것처럼' 낡은 관습을 부수고 새롭게 인류를 진화시켜야 한다는 의지를 가졌던 것이다.

현대는 영웅이 사라진 소시민의 시대다. 또한 정의나 자유 같은 거창한 이념보다는 소소한 이익과 쾌락이 더 중요하게 여겨지는 세상이다. 현대인의 시야가 이렇게 점점 '자기만의 문제'로 좁혀져 가고 있는 답답한 현실에서, 니체의 외침은 더욱 크고 깊은 울림으로 다가온다.

 더 읽어 봅시다!

- 니체의 《차라투스트라는 이렇게 말했다》
- 고병권의 《니체의 위험한 책, 차라투스트라는 이렇게 말했다》

철학, 역사를 만나다

니체, 철학하는 의사

니체는 스스로를 '철학하는 의사'라고 부르곤 했다. 확실히 니체의 철학에는 선입견을 부수고 삶에 생명력을 불어넣는 힘이 있다. 나치 정권이 제1차 세계대전 후 열패감에 젖은 독일 국민에게 니체를 '정신적 영양제'로 주입했음은 잘 알려진 사실이다. 니체의 철학은 유럽의 3등 시민에 지나지 않았던 독일인들을 순식간에 '제3제국을 이끄는 위대한 아리안 족의 후예'로 거듭나게 할 만큼 강렬한 자극제였다. 그렇다면 니체는 무기력에 빠진 우리 소시민에게도 삶의 열망을 일깨워 줄 수 있지 않을까?

그러면 니체를 통해 '구원'을 얻은 사람들은 누구인가? 바로 거리에 즐비한 '낙타형 인간'들이다. 낙타는 불평을 모른다. 주어진 먹이를 먹고 가라는 길을 갈 뿐이다. 이 동물은 '삶은 고난'이라고 여기며 지난한 생활에 탈출구란 없다고 믿는다. 남이 하는 말에 전전긍긍하고 자기 머리로 무엇이 가치 있고 올바른지 생각하기보다는 자기보다 우월한 자의 말에 맹목적으로 순종한다. 반면, '사자형 인간'들도 있다. 이들은 여느 낙타들과는 다르다. 이들은 "아니다(Nein)!"라고 말할 줄 안다. 순종을 강요하는 권위에 맞서 이빨을 드러내며 으르렁거릴 줄도 안다. 그러나 이들의 행동은 '반항'일 뿐 '자립'은 아니다. 무엇을 이루기 위해 싸우는 게 아니라 현실이 참담하기에 거부할 뿐이다. 대안은 늘 없거나 비현실적이다. 사자들은 결국 독기를 잃고 개처럼 쇠사슬에 묶여 동물원에 끌려갈 신세다. 세상이 부조리하여 혁명을 꿈꾸지만 정작 이루어야 할 이상이 사라진 인간, 이들이 바로 니체가 측은해하는 사자들이다.

니체는 낙타와 사자들을 어떻게 치유할까? 그는 먼저 신(神)부터 죽인다. 그가 죽인 신이란 무엇인가? 바로 끊임없이 무엇인가에 의지하고 싶어 하는 우리의 심약함이다.

'낙타' 집단이 갖고 있는 콤플렉스와 우울은 이렇듯 스스로 서지 못하고 절대적인 권위에 인정받음으로써 삶의 안정을 찾으려는 나약한 마음에서 비롯된 탓이 크다. 니체의 '차라투스트라'는 그래서 "신은 죽었다."고 군중에게 선포한다. 무기력과 나약에서 벗어나기 위해서 먼저 우리는 그의 말을 들어야 한다. 자기를 사랑하고 현실을 긍정하라! 니체가 낙타들에게 던지는 첫 번째 충고다.

반면, 사자들을 향해서는 또 다른 처방전을 내민다. 인상 쓰고 있는 사자들에게 니체는 "웃으래"고 명령한다. 사자는 결코 웃고 있는 어린아이를 이길 수 없다. 무슨 말일까? 사자는 자신을 위협하는 대상을 쓰러뜨릴 수는 있다. 그러나 그 후에 찾아오는 것은 끝 모를 허탈과 사라지지 않는 분노뿐이다.

　창조자는 어린아이처럼 웃고 있어야 한다. 무력감과 냉소는 중력처럼 우리를 끝없이 밑으로 끌어내린다. 그러나 어린아이의 놀이는 '무엇을 이루기 위해' 향해 가는 과정이 아니다. 그 자체로 즐거운 행위일 뿐이다. 웃음은 또한 절대적인 권위를 무너뜨린다. 위세를 떨치던 백인 우월주의 단체 KKK단이 약화된 이유는 엄청난 공권력 때문이 아니라, 그들의 비밀 교리가 슈퍼맨 만화를 통해 철저하게 희화되어 대중의 웃음거리가 된 탓이 크다.

　니체는 말한다. "용기는 최상의 살해자다. 특히 공격적인 용기는!" 무력감과 패배의식은 우리의 삶을 끊임없이 밑으로 끌어내린다. 그때마다 니체는 '달려들어 물어뜯을 것'을 우리에게 권한다.

　타인과 사회가 맞추어 놓은 틀에 무작정 순응하며 사는 삶은 아무리 인정받아도 결국에는 박수 치는 부모 없이는 스스로 만족할 수 없는 유치원생의 모습과 같다. 자신을 사랑하고 스스로 삶의 의미를 찾으며 '나만의 나'를 만들어 갈 때, 비로소 나는 낙타에서 사자로, 다시 초인(Übermensch)으로 거듭날 수 있다. 자유는 두려움을 극복한 사람만이 누릴 수 있다.

17

검증할 수 없다면
예술도 윤리도 무의미하다

논리 실증주의

"사람들은 슐리크에게 빚을 지고 있다. 그들은 자신들의 '선한 의도'로
그가 이끄는 빈학파가 허풍 때문에 어리석게 되지 않도록 주의해야 한다.
내가 말하는 '허풍'이란 어떤 종류이건 혼자 만족해서 젠체하는 것을 말한다.
'형이상학의 폐기라고!' 마치 그것이 새로운 것인 것처럼! 빈학파가 성취한 것을,
그 학파는 말하지 말고 보여 주어야 한다."

– 비트겐슈타인이 바이스만에게 보내는 편지글 중에서

과학의 시녀가 된 철학

철학의 문제는 시대의 고민에 따라 달라지곤 한다. 교회가 지배하던 중세 유럽의 철학자들은 신의 존재를 놓고 심각한 논쟁을 벌이곤 했다. 이성이 트이기 시작한 서양 근세에는 어떻게 해야 오류 없는 지식을 얻을 수 있는지가 철학자들의 주된 고민이었다. 갈릴레이의 지동설에서 볼 수 있듯, 새로운 사실이 발견될수록 기독교 성경과 과학은 끊임없이 충돌했기 때문이다. 과연 어느 쪽이 더 나은 지식인지, 이 둘을 조화시킬 방법은 없는지가 철학자들의 주된 문제일 수밖에 없었다.

19세기에 접어들자 과학의 승리는 분명해졌다. 이제 신앙이나 관습은 더 이상 과학 지식보다 우월할 수 없었다. 과학적 접근과 해결은 가장 논리적이고 올바른 방법으로 여겨졌다. 세상은 과학 기술을 등에 업고 눈부시게 발전하고 있었고, 이제 철학자들에게는 오직 옛 시대의 낡은 관습과 종교를 과학적 방식에 따라 논리적이고 합리적으로 바꾸는 일만 남은 듯했다.

논리 실증주의(logical positivism)는 이런 분위기 속에서 태어났다. 논

19세기에 접어들면서 과학적 접근과 해결은 가장 논리적이고 올바른 방법으로 여겨졌고, 철학 역시 과학처럼 면밀한 분석을 통해 오류를 없애는 작업으로 인식하게 되었다. 그림은 프랑스의 실험 생리학자 클로드 베르나르(Claude Bernard, 1813~1878)의 수업 광경. (레옹 레르미트, 〈클로드 베르나르와 그의 제자들〉)

리나 과학으로 증명할 수 없는 종교나 도덕은 이제 불완전한 믿음에 지나지 않는다. 알 길이 없는 신의 뜻이나 윤리를 과학같이 분명하게 만들 수 있다면 세상은 한층 더 멋있는 곳이 될 터이다. 교회 신부들이 곧 철학자였던 서양 중세에 철학은 '종교를 위한 시녀'처럼 여겨졌다. 하지만 과학의 시대에 철학은 '과학을 위한 시녀'로 거듭나야 했다.

왈츠와 정신 분석과 이성의 도시

　논리 실증주의의 고향은 '빈학파'가 태어난 오스트리아라고 할 수 있다. 빈은 한 시대를 주름잡았던 오스트리아-헝가리 제국의 수도였다. 19세기 말엽부터 20세기 초반까지의 빈은 소크라테스 시절의 아테네와 여러모로 닮아 보인다. 소크라테스가 활동하던 때의 아테네는 문화와 철학이 가장 왕성하게 꽃피었던 시기다. 극장에서는 소포클레스, 에우리피데스(Euripidēs, 기원전 484?~기원전 406?) 등의 작품이 공연되었고, 소피스트라고 불리는 지성인들은 아테네로 끊임없이 모여들었다.

　그러나 문화 절정기의 아테네는 사실 정치적·경제적으로는 몰락의 길에 접어들고 있었다. 스파르타와의 전쟁에서 결정적인 패배를 맛본 오만한 아테네에 대해, 그리스 도시 국가들은 더 이상 인내심을 보이려 하지 않았다. 예술의 토양이 되는 진한 감정과 깊은 사색은 삶의 고뇌에서 생겨나는 법이다. 그 시기 아테네의 예술과 철학의 찬란함은 사실 신산스러운 삶의 반증이기도 했다.

　19세기 말엽의 빈도 다르지 않았다. 빈은 요한 슈트라우스(Johann Strauss, 1825~1899)의 왈츠의 고향이었고, 거리의 카페는 아돌프 로스(Adolf Loos, 1870~1933) 같은 건축가에서 트로츠키(Leon Trotsky, 1879~1940) 같은 혁명가에 이르기까지 그 시대의 대표적인

오스트리아-헝가리 제국의 황제 프란츠 요제프 1세. 훗날 사라예보에서 그의 조카 페르디난트(Franz Ferdinand, 1863~1914) 황태자가 암살당한 사건은 제1차 세계 대전의 도화선이 되었다.

지성인들로 늘 붐볐다. 그뿐 아니라, 빈은 의학(醫學)의 중심지였으며 정신 분석의 창시자 프로이트(Sigmund Freud, 1856~1939)가 활동하던 곳이기도 했다.

반면, 오스트리아-헝가리 제국은 명백히 쇠퇴의 길을 걷고 있었다. 프란츠 요제프(Franz Joseph I, 1830~1916) 황제가 스스로 "제국의 유일한 목표는 현상 유지일 뿐"이라고 밝힐 정도로 나라에는 희망이 없었다. 사실 발달한 카페 문화는 열악한 주거 환경에 힘입은 바 크다. 사람들이 구질구질한 집구석을 피해 카페로 모여들었기 때문이다. 또한 정신 분석이 이 도시에서 태어났다는 사실은 그만큼 시민들의 심리적 불안이 컸다는 반증도 된다. 슈트라우스의 대표적인 왈츠인 〈아름답고 푸른 도나우강〉은 **제국의 군대가 자도바라는 마을에서 프로이센 군대에게 결정적으로 패배**한 지 몇 주 뒤에 작곡되었다고 한다. 이 패배는 제국의 운명을 결정지을 정도로 심각한 것이었다. 흥겨운 왈츠 뒷면에는 위안받고 싶어 하는 불안한 시민들이 있었다. 명료한 이성은 혼란한 시대일수록 더욱 빛을 발한다. 그런 시대일수록 사람들은 분명하고 명쾌한 진단과 해법을 바라기 때문이다. 논리 실증주의는 이런 시대 배경 속에서 태어났다.

> **자도바에서의 패배** 1866년 여름, 독일의 통일을 놓고 프로이센과 오스트리아-헝가리 제국이 벌인 프로이센-오스트리아 전쟁을 가리킨다. 독일 제국의 대부분이 오스트리아 편에 가담했지만, 프로이센은 자도바에서 오스트리아군을 무찔러 승리를 굳혔다. 8월에 프라하 조약이 체결되고, 이에 따라 오스트리아가 독일 연방을 탈퇴하면서 프로이센을 맹주로 하는 북독일 연방이 성립되었고, 이를 바탕으로 독일 통일의 기초가 확립되었다.

17 검증할 수 없다면 예술도 윤리도 무의미하다

목요 철학 세미나

'학파'라는 말이 붙으면 왠지 거창하게 들리지만, 사실 빈학파의 실체는 학술 친목 단체 정도에 지나지 않는다. 모리츠 슐리크(Moritz Schlick, 1882~1936) 교수는 1922년 빈 대학에 온 이후로, 목요일 저녁마다 대학 건물 1층에 있는 지저분한 강의실 하나를 빌려 토론 모임을 열었다. 참석자는 보통 스무 명을 넘지 않았다고 한다. 이 모임에는 철학자뿐 아니라 경제학자, 수학자, 과학자들도 많이 참석했다. 오토 노이라트(Otto Neurath, 1882~1945), 루돌프 카르납(Rudolf Carnap, 1891~1970), 후에 **불완전성의 정리**로 유명해진 괴델(Kurt Gödel, 1906~1978) 등이 모임의 주된 멤버였다. 때로 이들은 해외 학자들을 초청해 강연회를 개최하기도 했다. 슐리크는 수완이 좋은 사람이어서, 윌러드 콰인(Willard V. O. Quine, 1908~2000), 카를 헴펠(Carl G. Hempell, 1905~1997), 앨프리드 에이어(Alfred J. Ayer, 1910~1989) 등 당대 유명한 철학자들도 이 모임에 참석하곤 했다.

> **불완전성의 정리** 괴델이 1931년에 발표한 것으로, 수학 기초론과 논리학에 결정적인 전환을 가져온 중요한 정리다. 이 정리는 아무리 엄밀한 논리적 수학 체계라도 그 안에는 그 체계 내의 공리(公理)에 기초하여 증명할 수 없거나 반증할 수 없는 명제(문제)가 있으므로, 산술의 기본 공리들은 모순이 될 수도 있다는 내용을 중심으로 하고 있다.

모임은 서로 관심사가 같은 사람들끼리 모여야 오래가게 마련이다. 후에 '빈학파'라고 불리게 되는 모임 참석자들은 대부분 철학은 과학을 통해 더욱 엄밀해지고 내용이 풍부해질 수 있다고 믿었다. 이들은 절대정신, 정의, 선의지 등 추상적이고 모호한 언어로 넘쳐 나던 당시 학문을 철학의 명료함으로 다듬으려고 했다.

그들의 주장은 '검증 가능성(the principle of verification)'이라는 말로

철학, 역사를 만나다

슐리크 교수는 빈 대학의 지저분한 강의실 하나를 빌려 토론 모임을 시작했는데, 이 모임이 후에 빈학파로 발전하게 된다. 사진은 20세기 초의 빈 대학.

요약할 수 있다. 모든 문장은 검증할 수 있을 때만 의미가 있다. 예컨대, "물은 100도에서 끓는다.", "곰팡이는 돌덩어리다."와 같은 문장은 참과 거짓을 가릴 수 있다. '2+3=5'와 같은 수식도 마찬가지다. 논리 관계를 따져 보면 옳은지 그른지가 분명하다. 그러나 "신은 죽었다.", "역사는 절대정신의 자기실현 과정이다."와 같은 말은 아무리 노력해도 참인지 거짓인지 검증할 수 없다. 이런 문장들은 '잠꼬대와 같이 무의미한 말'에 지나지 않는다. 이처럼 검증할 수 없는 말들은 학문의 영역에서 모두 버려져야 한다.

"피카소는 고흐보다 뛰어나다."와 같이 미(美)에 관련된 문장도 마찬가지다. 이는 개인의 취향일 뿐 검증할 수 있는 문장이 아니다. "항상 정직해야 한다."는 문장 또한 마찬가지다. 예술과 윤리의 세계는 증명

17 검증할 수 없다면 예술도 윤리도 무의미하다

할 수 없다는 점에서 '사이비 명제들(pseudo propositions)'에 지나지 않는다.

이들은 언어의 엄밀한 사용을 통해 편견과 오해를 없애고 세상을 정확하게 바라보고 개혁할 수 있다고 믿었다. 일상에서 쓰는 말들은 애매모호하여 오해를 불러일으키기 쉽다. 분명하게 검증할 수 있는 말들로 이루어진 인공 언어(artificial language)를 만들어 쓸 수 있다면 세상은 더욱더 완벽해질 터이다. 화려한 문화가 비참한 경제와 정치 현실을 가리고 있던 당시 빈의 상황에서, 어떠한 편견도 기대도 없이 사실을 있는 그대로 바라보려는 논리 실증주의자들의 명료함은 문제를 풀어 가는 첫 단추가 될 수 있었다.

의미를 빼앗긴 영혼의 응징?

그러나 빈학파 자체는 오래가지 못했다. 1936년, 모임을 이끌던 슐리크 교수가 한 미치광이 제자에 의해 어이없이 살해되고 말았기 때문이다. 살인자는 자신이 짝사랑하는 여인이 슐리크 교수를 사랑하고 있다고 믿었고, 또한 슐리크가 자신의 위협을 경찰에 고발하는 바람에 일자리도 얻을 수 없게 되었다고 확신했다. 그는 지극히 광적이고 개인적인 이유로 슐리크에게 총을 쏘았다.

하지만 놀랍게도 살인자는 당시 권력을 잡았던 나치 정권에 의해 '영웅'으로 추앙받았다. 이들의 눈에 슐리크는 '형이상학에 적대적일 뿐더러 유대인, 공산주의자, **프리메이슨**(Freemason) 단원들처럼 가장 쓰레기 같은 인간들의 지지를 받는 새로운 철학의 주창자'였다. 논리 실증주의는 신의 존재뿐 아니라 인간 정신도 증명할 수 없다는 이유로 거부하는 철학이었다. 따라서 그를 '처단'한 총탄은 개인의 원한이 아니라 '삶의 의미를 빼앗긴 영혼의 논리'였던 것이다.

이런 기묘한 논리는 당시 세계가 얼마나 심각한 광기에 휩싸여 있었는지 잘 보여 준다. 제1차 세계대전 이후 궁핍한 경제 사정, 붕괴된 오스트리아-헝가리 제국의 비참한 현실 앞에서 사람들은 증오할 대상을 구체적으로 지목하는 히틀러의 주장에 열광할 수밖에 없었다. 그렇다 해도 '**아리안 족**의 제3제국'을 외치며 유대인들에 대한 증오를 곱씹던 히

프리메이슨 18세기 초 영국에서 시작된, 세계 시민주의적·인도주의적 우애를 목적으로 하는 단체. 일부 종교적 색채로 인해 가톨릭 교회와 가톨릭 국가들의 탄압을 받아 비밀 조직의 형태를 띠게 되었다.

아리안 족 원래 '아리안'은 이란 고원에 사는 민족이 쓰던 언어를 뜻했으나, 지금은 인종 개념으로 널리 쓰이고 있다. 19세기 유럽에서는 언어와 인종을 혼동해서 아리안 인종을 둘러싼 논쟁이 많이 일어났는데, 이를 정치적으로 이용한 것이 나치다. 그들은 아리안을 인종 개념으로 한정시키고, 독일을 구성하는 게르만 민족이야말로 우수한 '아리아 인종'이라 한 뒤, 그 형질적 특성을 큰 키(長身)와 길쭉한 머리 모양(張頭)에서 찾았다.

틀러의 믿음을 논리적으로 파헤친다면 그 허구는 금방 드러날 터이다. 편견은 논리를 싫어한다. 모든 것을 객관적이고 냉철하게 보려는 논리 실증주의의 시도는 그 자체만으로도 왜곡과 편견으로 가득한 히틀러에게 이념의 적이 될 수밖에 없었다.

말할 수 없는 것의 소중함

빈학파의 사상은 그 후 논리 실증주의라는 이름으로 20세기 전반의 철학계를 화려하게 장식했다. 이제 철학은 면밀한 언어 분석을 통해 오

류와 편견을 없애는 작업처럼 여겨졌다. 윤리나 신앙, 예술 등은 검증할 수 없는 것으로, 일상의 언어를 정교하게 다듬어 나가는 가운데 오류로 판명되거나 개인의 취향일 뿐이라는 점이 밝혀질 터였다.

하지만 과학은 인간 삶을 물질적으로 풍요롭게 하는 만큼이나 정신을 빈곤하게 만들기도 한다. 증명할 수 없다고 해서 반드시 무의미한 것은 아니다. 논리 실증주의자들이 '성경'처럼 여겼던 《논리 철학 논고》에서 **비트겐슈타인**(Ludwig J. J. Wittgenstein, 1889~1951)은 "말할 수 없는 것에 대해서는 침묵해야 한다."고 말한다. 말할 수 있는 것은 논리나 과학을 통해 증명할 수 있는 사실이다. 말할 수 없는 것은 도덕이나 예술 등이다.

비트겐슈타인 '우리 시대의 마지막 천재'라 불리는 철학자로, 논리학과 언어 분석을 통해 낡고 난해한 철학, 곧 전통 철학의 폐기를 주장했다. 또한 20세기의 중요한 철학적 흐름인 '분석 철학'을 제시하여 현대 철학의 새 장을 열었다.

그러나 비트겐슈타인은 후에 한 편집자에게 보내는 편지에서 자신은 오히려 '말할 수 없는 것'을 훨씬 더 중요하게 생각한다고 고백했다. 말할 수 없는 것들을 증명할 수 없으니 '무시'하라는 게 아니라, 구태여 증명하려고 함으로써 무가치하게 만들지 말라는 뜻이다. 시(詩)나 신앙은 증명하려고 하면 할수록 본래의 의미에서 더욱더 멀어질 뿐이다.

논리 실증주의자들은 20

논리 실증주의자들이 '성경'처럼 여겼던 《논리 철학 논고》를 쓴 비트겐슈타인과 비트겐슈타인 철학 연구의 권위자인 게오르그 브리크트 (Georg H. von Wright, 1916~2003).

세기 후반 내내 삶의 의미를 찾는 수많은 철학자들의 비판 대상이 되었다. 그렇다 해도 우리는 논리 실증주의자들이 제시한 '검증 가능성의 원리'가 그들의 시대에는 전쟁의 광기로부터 세상을 구하는 '철학적 치료제'였음을 잊어서는 안 된다. 건강한 사람에게는 약도 독이 될 수 있다. 그렇다고 약을 독으로 매도해서는 안 된다. 환자에게는 약이 필요하다. 근거 없는 광신에 휩싸여 자신과 이웃의 삶을 피폐하게 만드는 사람들에게 논리 실증주의는 여전히 훌륭한 '이성의 치료제'다.

 더 읽어 봅시다!

- 데이비드 에드먼즈, 존 에이디노의 《비트겐슈타인은 왜》
- 앨런 재닉, 스티븐 툴민의 《빈, 비트겐슈타인, 그 세기 말의 풍경》

비트겐슈타인의 '그림 이론'

1929년, 후에 '빈학파'라고 불리는 학자들은 《과학적 세계 이해, 빈학파》라는 책을 펴 냈다. 이 책에서 빈학파의 학자들은 자신들의 정신적 아버지로 알베르트 아인슈타인 (Albert Einstein, 1879~1955)과 버트런드 러셀, 그리고 루트비히 비트겐슈타인을 꼽았다. 이중에서 비트겐슈타인의 이론은 그들에게 가장 큰 영향을 미쳤다.

비트겐슈타인은 1918년, 오스트리아 제국이 패하여 이탈리아 전선에서 포로가 되기까 지 전쟁터에서 보낸 5년 동안, 그동안의 철학적 작업들을 정리하여 한 권의 책을 쓴다. 이것이 그 유명한 《논리 철학 논고》이다.

이 책은 매우 광범위한 주제를 압축적으로 다루고 있지만, 주된 관심은 당시 철학의 중요 주제였던 '언어'다. 그는 이 책에서 '그림 이론(picture theory)'이라고 불리는 주장을 내세운다. 그에게 영감을 주었던 것은 파리에서 일어난 교통사고에 관한 재판 기사였다. 재판에서는 모형 차와 인형 등이 사건 현장을 설명하기 위해서 동원되었다. 그런데 그 모형들을 가지고 사건을 설명할 수 있는 이유는 무엇일까? 그것은 각각의 모형들이 실 제의 차와 사람 등에 대응하기 때문이다.

우리가 사용하는 언어도 이와 같다. 언어가 의미를 지니는 이유는 쓰이는 말들이 실 제 사태들을 지칭하고 있기 때문이다. 언어는 명제로 이루어져 있다. 세계는 가능한 사 태(the facts)들로 이루어져 있다. 그리고 명제들과 사태들은 각각 일대일로 대응하고 있 으며 똑같은 논리 구조로 되어 있다. 즉, 언어는 세계를 그림처럼 그려 주고 있기 때문에 의미를 가진다.

이런 식으로 언어를 본다면, 지금까지 철학자들이 해 왔던 신, 자아, 도덕의 근거 등의 논의는 사실상 뜻 없는 말들에 불과하다. 이런 말들이 의미하고자 하는 대상이 세상에 없기 때문이다. 이런 논의들은 되지도 않는 말을 끊임없이 내뱉고 있는 것과 다름없다. 진정한 언어란 과학처럼 실제 세계를 설명해 주는 것이어야 한다.

그렇다고 하더라도 신, 자아, 도덕 등의 문제는 결코 무의미하지 않다. 오히려 이런 문 제들은 우리 삶에서 가장 중요한 것이다. 그러나 우리의 언어가 실상을 그리는 '그림'인한, 이것들을 말로 표현하거나 설명할 수 있는 방법은 없다. 이런 문제들은 언어로 표현할 수 있는 것 너머에 있기 때문이다. 이것들은 삶을 통해 끊임없이 드러나는 '신비한 것'들이지만 말로 설명할 수는 없다.

그렇다면 우리는 이제 "말할 수 없는 것에 대해서는 침묵을 지켜야 한다." 이로써 비트겐슈타인은 철학자들이 고민했던 문제를 언어로는 말할 수 없을뿐더러 논리로도 해결할 수 없는, 논의 자체가 무의미한 것으로 정리해 버렸다. 이런 비트겐슈타인의 철학적 작업은 오류나 왜곡 없이 세상을 완벽하게 그릴 수 있는 언어를 만들려는 논리 실증주의자들의 사상적 근거가 되었다.

18

개인의 자유,
전체의 의지로부터 탈출하다

실존주의

"우드스톡은 소외된 젊은이의 나라입니다. 우리는 어디서든 그곳에서 살아갑니다.
수족(Sioux) 인디언이 어느 국가에 속해 있건 자신들의 나라에서 사는 것과 똑같은
마음인 거죠."
— 히피의 지도자인 애비 호프만의 말

실존주의, 왜 '유행'이었는가?

철학은 시대에 따라 유행을 탄다. 국력이 부실한 데다 정치는 갈팡질
팡, 외교까지 시원치 않다면 사람들은 리더십 있게 나라를 강하게 끌고
가는 철학을 바라게 마련이다. 경제와 정치가 나란히 바닥을 기고 있는
지금 일본에서 강경 우익 사상이 점점 커 가고 있는 것처럼 말이다. 반
면, 국가 권력이 지나치게 강하고 통제가 심하다면, 개인의 인권과 자
유를 옹호하는 사상이 지지를 얻곤 한다.

이 점에서 철학 사상은 그 시대의 부족한 부분을 비추는 거울과 같
다. 무슨 음식이 입에 당기는지를 알면 몸에 부족한 것이 무엇인지 짐
작할 수 있듯, 유행하는 철학 사상은 한 시대의 욕구를 드러내고 채워
주는 역할을 한다.

이번에 소개할 실존주의(existentialism)는 1960~70년대 사상계를 주
름잡았던 철학 사조. 이 시기는 두 번에 걸친 세계대전이 끝나고 자
본주의가 본격적으로 성장하던 때다. 과연 이 시대의 문제는 무엇이었
으며 이에 대해 실존주의는 어떤 혜안을 주었을까?

신 앞에 선 단독자, 헤겔에 맞서다

실존주의의 창시자로는 흔히 키르케고르(Søren A. Kierkegaard, 1813~1855)가 꼽힌다. 그러나 그가 활동하던 19세기, 유럽을 지배하던 철학자는 헤겔이었다. 19세기는 프랑스 혁명의 영향으로 절대 군주들의 목소리가 약해지고 민족끼리 단결하여 국가를 이루어야 한다는 목소리가 커지고 있던 시기였다.

헤겔의 사상은 이러한 시대의 흐름과 요구를 정확하게 반영하고 있었다. 그에 따르면 역사는 절대정신에 따라 발전한다. 물론, 사람들 하나하나는 절대정신을 느끼지도 알지도 못한다. 그러나 절대정신은 사회와 정신을 움직여 자신이 목적한 방향으로 역사를 이끌어 간다. 마치 유능한 경제 관료가 제대로 정책을 설계하면, 시장 사람들은 단지 자기 이익에 따라 사고팔 뿐인데도 나라 전체 경제가 일정한 방향으로 움직이게 되는 것처럼 말이다. '최고의 도덕(人倫, Sittlichkeit)'인 국가는 역사의 발전을 드러내고 이끄는 역할을 한다. 따라서 시민들 각자의 삶의 의미는 국가의 이상을 얼마나 충실하게 따르느냐에 달려 있다.

이러한 생각은 민족 국가를 이루기 위해 강한 애국심을 필요로 했던 당시 지배층들의 요구에 아주 잘 들어맞았다. 헤겔은 '프로이센의 국가 철학자'로 대접을 받았고, 유럽 대학에서 그의 철학은 '시대정신'으로 여겨졌다.

그러나 '국가의 지침에 따르는 바른 생활'을 강조하는 헤겔 사상에 대해 반대 목소리가 없었던 것은 아니다. 쇼펜하우어(Arthur Schopenhauer, 1788~1860), 니체 등은 헤겔에 맞서 개인의 자유를 외쳤던 사람들이다. 그러나 헤겔의 영향력은 너무도 강력했기에, 이들의 반론은 전차에다 대고 소총을 쏘는 격에 지나지 않았다. 쇼펜하우어나 니체는 '색다른 철학자' 정도로만 여겨졌을 뿐, 그다지 큰 반향을 불러일으키지 못했다.

실존주의의 창시자로 여겨지는 키르케고르 또한 마찬가지였다. 덴마크의 '젊은 댄디'였던 그는 헤겔의 철학이 개인의 실생활에는 거의 도움을 줄 수 없다고 비판했다. 키르케고르에 따르면 인간은 끝없이 결단 내려야

실존주의의 창시자 격인 키르케고르는 개인의 자유와 결단의 중요성을 강조했다.

하는 존재다. 무엇이 옳고 그른지를 국가나 신앙에 기대어 판단을 내리는 짓은 인간답지 못하다. 인간은 '신 앞에 선 단독자' 같아야 한다. 자신의 결정이 상황이나 명령 등등 때문에 불가피했다고 핑계 대지 말고, 신 앞에 홀로 서서 심판을 받는 기분으로 무엇이 옳은지, 어떻게 살아야 할지를 결정 내리라는 뜻이다. 한마디로 삶의 중심을 국가나 사회가 아닌 나 자신에게 두라는 주장이다. 이처럼 실존주의는 개인의 자유와 결단의 중요성을 강조하는 데서 출발했다.

전쟁과 함께 찾아온 실존주의의 영광

그러나 키르케고르는 그 시대에 그저 그런 칼럼니스트 정도로만 평

18 개인의 자유, 전체의 의지로부터 탈출하다

가받았을 뿐이다. 민족국가라는 찬란한 이상과 이성 진보의 신화에 휩싸인 당시 사람들에게 키르케고르 같은 주장은 철부지들의 투정 같이 여겨졌을 터다. 더구나 그의 책은 덴마크 어로 쓰인 탓에 독일, 프랑스 등과 같이 주류를 이루던 철학계에는 별로 소개되지도 않았다.

실존주의의 가치는 제1, 2차 세계대전을 겪고 나서야 비로소 빛이 나기 시작했다. 전쟁은 항상 '인류의 자유', **대동아공영권**, '아리안 족이 중심이 된 제3제국'같이 가슴 뛰던 이념들을 앞세우며 일어났다. 많은 사람들이 정의를 위해, 국가와 민족을 위해 목숨을 던졌지만 전쟁이 끝났을 때 개인에게 돌아온 운명은 어땠는가? '절대정신'은 개인의 상처를 치료해 주지도, 망가진 삶을 보상해 주지도 않았다.

대동아공영권 제2차 세계대전 당시 일본이 동아시아·동남아시아를 서구 열강의 식민지 지배에서 해방시키고, 공존공영의 새로운 국제 질서를 만든다며 내세운 슬로건이다. 그러나 실제로는 대동아공영권을 주장하며 주변국들을 침략하고 식민지로 삼는 데 활용했다.

독일과 일본 같은 패전국의 젊은이들은, 자기들이 그토록 숭고하게 생각했던 전쟁의 명분이 사실 허구에 지나지 않음을 뼈저리게 느꼈다. 대동아공영권은 아시아를 착취하기 위한 구실에 지나지 않았고 아리안 족의 영광은 유대인을 학살하기 위한 살인자의 명분으로 쓰였을 뿐이다. 그들은 자신이 정의의 군인이 아니라 악마가 고용한 폭력배에 지나지 않았음을 깨달아야 했다.

이긴 쪽에 있었던 사람들에게도 전쟁은 고통일 뿐이었다. 자기 아들의 '숭고한 희생'으로 '자유세계'를 지킬 수 있었는지도 모른다. 하지만 죽은 아들은 그 부모에게 우주보다도 더 소중한 사람이다. 우주를 잃고 조국을 얻었다 한들 무슨 의미가 있겠는가?

전쟁은 거창한 국가와 민족의 이상이란 게 얼마나 공허한지를 깨달게 했다. 정작 중요한 것은 개개인의 삶과 자유다! 이를 강조하는 실존주의는 전쟁이 끝난 유럽에서 선풍적인 인기를 끌었다.

실존은 본질에 앞선다

1960~70년대는 하이데거, 사르트르 (Jean P. Sartre, 1905~1980), 카뮈(Albert Camus, 1913~1960), 야스퍼스(Karl Jaspers, 1883~1969), 가브리엘 마르셀(Gabriel Marcel, 1889~1973) 등 숱한 실존 철학자들이 별처럼 빛났던 시기다. 그중에서도 사르트르는 '사상계의 제임스 딘(James B. Dean, 1931~1955, 미국 영화배우, 반항아적 매력으로 큰 인기를 얻었으나 자동차 사고로 요절함)'이라고 해도 좋을 만큼 인기를 끌었다.

사르트르는 1964년 노벨문학상 수상자로 선정되었으나, 수상을 거부하기도 했다.

그는 1943년 출간된 《존재와 무》에서 "실존은 본질에 앞선다."라는 유명한 말을 남긴다. 인간 외에 모든 사물은 고유한 본질이 있다. 예컨대, 톱의 본질은 '썰기 위한 것'이다. 썰지 못하는 톱은 더 이상 톱으로서 가치가 없다. 그러나 인간에게는 고유한 본질이 없다. 그냥 태어나서 세상에 던져져 있을 뿐이다. 인간은 자기의 선택에 따라 자신이 무엇이 될지를 스스로 만들어 갈 수 있다.

또한 인간은 이유 없이 세상에 왔다가 결국 죽어서 허무하게 없어질

18 개인의 자유, 전체의 의지로부터 탈출하다

존재다. 그러나 죽음은 인간의 삶을 허무하게 만들지 않는다. 오히려 그 때문에 인간은 더 가치 있다. 나에게 주어진 매 순간 순간은 영원한 그 무엇을 위해 희생해야 할 도구가 아니다. 영원한 것이란 없다. 그렇기에 나는 오히려 매 순간 스스로 선택하고 행동하고 책임짐으로써 나의 존재 이유를 스스로 만들어 나가야 한다. "실존이 본질에 앞선다."는 말은 이런 뜻이다.

그러나 자유는 대부분의 사람들에게 되레 부담스럽다. 늘 자기의 결정에 대해 고민하고 책임져야 하기 때문이다. 그래서 많은 사람들은 자기에게 주어진 자유를 스스로 포기해 버리고 싶어 한다. '군인', '공무원' 등 사회적으로 주어진 역할에 안주하며 무한한 자유에서 오는 책임에서 벗어나려 하거나, 종교가 제시하는 삶의 의미를 좇음으로써 스스로 삶을 결단해야 하는 불안에서 벗어나려 한다. 이를 사르트르는 '자기기만'이라고 한다. 진정한 인간, 완전히 자유로운 인간은 다른 곳에 기대어 자신의 의미를 찾지 않는다. 주변과 상황을 핑계 대지 않고 항상 주체적으로 살기 때문에 긍정적이며 도전적이다. 진정한 인간 실존은 이런 모습이어야 한다.

> 자기기만 우리는 종종 주어진 여건을 탓하며 사실 나는 뛰어난 존재라고 스스로를 기만한다. 그러나 우리 삶의 가치는 '자유'를 어떻게 썼느냐에 따라 달라지고, 인간은 '실천'을 통해 자신을 만들어 간다. 나를 둘러싼 사람들과 주변의 여건은 내 뜻대로 움직일 수 없으므로 내가 할 수 있는 일은 내가 무엇을 할지 자유롭게 결정하고 실천에 옮기는 것밖에 없다.

사르트르와 마르크스의 시대

사르트르의 사상은 당시 젊은이들의 우상이었다. '히피'같이 당시 유

©Ricmanning

1960년대 중반, 기성 사회에 대한 저항 정신에서 '히피'들이 생겨나기 시작했다.

행하던 문화는 실존주의와 무관하지 않다. 주어진 규격대로 강요되는 의무에 따라 살지 않고 자신이 원하는 삶을 사는 것. 히피들의 생활태도는 끊임없이 삶을 사회라는 거대한 기계의 부품으로 만들어 버리려는 산업 문명에 대한 저항이었다.

나아가 마르크스 사상 또한 젊은이들에게 호소력 있게 다가왔다. 자본주의는 사람을 사람으로 보지 않으며 단지 봉급을 받고 돌아가는 부품 정도로만 여긴다. 이른바 사람을 목적으로 보지 않고 수단으로만 여기는 '인간소외'란 이런 현상을 말한다. 마르크스는 이러한 자본주의의 잔혹함에 맞서려 했다. 모두가 인간다운 대접을 받으며 평등하게 잘 사는 사회. 당시 젊은 지식인들은 사르트르와 마르크스에 열광했다. 반전, 반핵, 페미니즘 등으로 당시 사회 지배 논리에 도전장을 던졌던 프랑스68 운동은 이들의 꿈과 이상을 보여 주는 사건이었다.

1970~80년대 우리나라 대학가의 모습도 이와 크게 다르지 않았다. 기성세대 눈에 한없이 '불손'하게 보였던 장발과 청바지, 통기타의 유행은 개성이 사회도덕을 대신하는 주요 가치로 떠오르고 있음을 보여 주는 문화 코드였다. 다른 한편으로 학생운동권에는 마르크스의 이론이 은밀하면서도 파급력 있게 퍼져 나갔다.

보보스와 신자유주의

아무리 영향력 있는 철학 사상도 영원하지는 않다. 마르크스 철학은 원래 소외된 자들을 위한 철학이다. 유럽 등 서구사회에서 마르크스주의는 복지 정책이 확대되고 인권 의식이 나아짐에 따라 서서히 그 존재 이유를 잃어버렸다. 더구나 80년대 후반 들어 소련 등 공산주의를 내세웠던 나라들이 줄줄이 망해 가면서 마르크스는 세계적으로도 설득력을 상실했다.

실존주의 또한 마찬가지다. 실존주의가 내세웠던 개인의 자유와 결단은 국가의 강제와 억압이 절대적일 때 빛이 나는 법이다. 지금의 민주주의 사회에서는 자기 삶을 스스로 선택하고 결단할 수 있는 자유가 그 무엇보다 소중한 가치로 여겨진다. 사회가 안정되고 민주주의 이념이 정착될수록 실존주의의 절실함 또한 수그러들게 마련이다. 배부른 사람에게 배고픔을 호소해 보아야 별로 설득력이 없는 것과 마찬가지

1991년 12월, 소비에트 연방의 공화국 정상들이 모여 소련 해체 및 독립 국가 수립을 위한 조약을 체결했다.

이치다.

　그러나 실존주의는 문화와 삶에서 여전히 강한 영향을 끼치고 있다. 실존주의에 매료되었던 60~70년대 젊은이들은 이제 사회를 주도하는 중장년층이 되었다. 이들을 지배하는 이른바 보보스(BOBOS, Bohemian-Bourgeois) 문화도 실존주의의 결과라고 할 수 있다. 경제적으로 부유해졌어도 이들은 자신들이 젊은 시절 혐오했던 자본주의 방식으로 자신의 부를 뽐내려 하지 않는다. 이들은 오히려 소박하고 자연스러운 생활을 고급한 삶으로 여기는 측면이 있다. 번쩍번쩍한 가구보다는 농가풍의 흠결이 난 가구를 오히려 더 가치 있게 여기는 보보스풍(風)의 유행은 여기서 나왔다. 더구나 이들은 최고급 승용차로 자신의 부를 과시하기보다는 티는 안 나지만 성능 좋은 산악용 자전거 등을

18 개인의 자유, 전체의 의지로부터 탈출하다

장만하는 데 더 신경을 쓴다. 이렇게 보면 지금의 웰빙(Well-being) 풍조 또한 실존주의와 밀접해 보인다.

현대 사회는 실존주의가 그토록 갈망했던 개인의 의지와 자유가 풍만한 시대다. 심지어 중환자에게조차도 어떤 검사를 하고 어떤 약을 먹을 것인지를 선택하도록 하는 게 현대 자본주의 사회다. 그러나 과연 선택이 많아졌다 해서 우리는 삶이 더욱 자유로워졌다고 느끼고 있는가? 우리는 자신의 선택으로 삶을 이끌어 가고 있는가? 강요는 사라지고 선택은 많아졌다. 그러나 우리들 대부분은 여전히 주체적이지도, 행복하지도 않다. 스스로의 책임 있는 결단을 요구하는 실존주의는 그래서 여전히 가치 있는 울림으로 다가온다.

 더 읽어 봅시다!

- 장 폴 사르트르의 《실존주의는 휴머니즘이다》
- 데이비드 브룩스의 《보보스》

장 폴 사르트르의 《실존주의는 휴머니즘이다》

"인간은 훌륭해." 콕토(Jean Cocteau,1889~1963)의 작품 〈80일간의 세계일주〉에서 산 위를 비행기로 날던 사람이 내뱉은 감탄이다. 사르트르는 이 말을 마뜩치 않아한다. 도대체 이 사람이 감격할 이유가 뭐 있는가? 비행기를 자신이 만든 것도 아니다. 다른 사람들이 이룬 업적을 누리며 위대한 인간 부류의 하나라는 이유로 스스로를 자랑스러워 할 뿐이다. 어찌 보면, 남이 이룬 성과에 무임승차하려는 한심한 모습 아닐까?

그러나 사르트르의 주장이 우리에게 지당하게 다가오지만은 않는다. 꼭 사회에 헌신하는 삶이 가치 없다고 비아냥거리는 듯해서다. 제2차 세계대전이 끝난 1945년, 프랑스 사람들도 그렇게 느꼈었나 보다. 전쟁 기간 동안 프랑스 인들은 조국의 해방을 위해 열심히 살았다. 바람을 이루자 프랑스 인들은 헛헛해 했다. 그들에게는 인생을 불태울 새로운 목표가 필요했다. 이제 프랑스는 무엇을 위해 달려가야 할까? 열정을 일으킬 새로운 가치를 찾아야 하는 시기. 사르트르는 찬물을 끼얹은 격이었다. 무엇을 위해 살지 말고 자기 자신의 삶을 가꾸라니, 너무 이기적인 주장 아닌가.

〈실존주의는 휴머니즘이다〉는 이런 '오해'에 맞서 사르트르가 1945년 10월에 했던 연설이다. 여기서 사르트르는 '실존주의적 휴머니즘'을 앞세운다. 그는 종이 자르는 칼을 예로 든다. 기술자는 '종이 자르는 칼'의 모습과 기능을 머리에 두고 칼을 만든다. 기독교에서는 인간도 종이 자르는 칼과 다르지 않다. 가장 좋은 인간의 모습은 신의 마음속에 정해져 있다. 인간은 이 모습대로 만들어 졌다. 바람직한 삶이란 정해진 인간의 모습대로 자신을 가꾸어 가는 것일 테다.

그러나 사르트르는 신이 인간을 만들었다는 생각에 맞선다. 신이 없다면, 인간에게 미리 정해진 '본질'이란 없다. 종이 자르는 칼과는 달리, 인간은 자기가 무엇인지를 스스로 결정하며 살아야 한다. '실존은 본질에 앞선다.'는 사르트르의 유명한 말은 이런 뜻이다.

선택의 결과는 자기 자신에서만 그치지 않는다. 결혼을 안하겠다고 결심 했다고 해보자. 결정은 내 개인적인 결혼 문제에서 그치지 않는다. 이는 세상살이에서 독신(獨身)이 바람직하고 올바른 삶의 방식이라고 주장하는 셈이기도 하다. 이처럼, 나는 결정을 통해 세상이 어떤 모습이 되어야 할지에 대해서도 의견을 내놓는다. 사르트르의 '앙가주망 (engagement:참여)'이 의미하는 바다.

인간은 자유와 선택을 통해 자신의 모습을 끊임없이 만들어 간다. 실존주의적 휴머니즘에서 '인간의 원래 모습'이란 없다. 각자는 무엇이 올바르고 바람직한지를 홀로 결정해야 한다. 따라서 '불안'은 피하지 못할 우리의 운명이다. 선택의 결과가 어떻게 될지를 알 수 없을뿐더러, 책임도 오롯이 우리에게 돌아오는 탓이다.

게다가 나의 결정에는 다른 사람의 자유가 필요할 때가 많다. 다른 이들이 나의 뜻을 거절할 때는 어떻게 할까? 꿈이 오롯이 이루어지려면, 내가 죽은 후에도 다른 사람들이 내 뜻을 이어가야 하는 경우도 있다. 그러나 다른 사람들 역시 자유롭게 선택하는 존재다. 나의 자유는 이들의 자유에 따라 휘둘릴 테다. 그래서 나는 불안하다. 그렇다면 나는 어떻게 해야 할까?

사르트르는 '자기기만'에 빠지지 말라고 충고한다. 사람들은 이렇게 투덜대곤 한다. "나는 환경이 좋지 않지. 나는 위대한 사랑을 하지 못했어. 그럴만한 사람을 못 만났기 때문이야. 나는 좋은 책을 쓰지 못했어. 그럴만한 여유가 없었지. 나는 아낌없이 애정을 쏟을 아이를 낳지 못했어. 삶을 같이 할 만한 남자를 못 만났던 탓이야." 등등.

여건이 안 되어서 내가 가진 가능성이 피어나지 못했을 뿐, 나는 소중하고 뛰어난 존재라며 스스로를 '기만'하는 모습이다. 그러나 사람의 가치는 가능성이 아니라 행동으로 드러난다. 생각을 백 번 하면 무엇 하겠는가. 인간은 '실천'을 통해 자기 스스로를 만들어 간다. 다른 사람들이 내 뜻을 따를지, 않을지는 그들의 자유다. 여건이 좋을지 나쁠지도 내가 결정할 수 없다. 내가 할 수 있는 일은 자유롭게 결정하고 실천에 옮기는 것밖에 없다.

자기가 어찌지 못하는 일에는 책임도 따르지 않는다. 반면, 내가 할 수 있는 일은 오롯이 나의 몫이다. 그럼에도 사람들은 '~탓'과 '~때문에'를 입에 달고 산다. 하지만 사르트르는 힘주어 말한다. "인간은 자기 스스로를 실현하는 한에 있어서만 실존한다." 내가 어찌지 못하는 남의 결정과 환경에 책임을 돌리지 말라는 뜻이다.

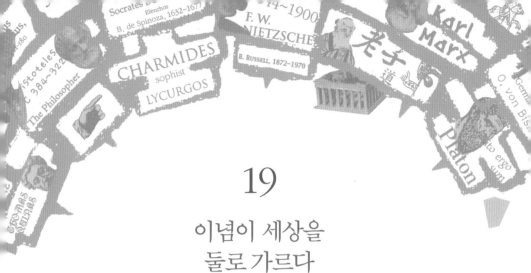

19

이념이 세상을
둘로 가르다

6 · 25 전쟁

"그들은 가고 나는 남았다. 남은 자에겐 남겨진 이유가 있을 것이다.
그것은 아마도 희망이라 이름 지을 수 있지 않을까.
희망을 포기하지 않은 사람만이 이 무정한 세월을
이겨나갈 수 있으므로……."
─ 6 · 25와 한국 근현대사를 다룬 드라마 〈여명의 눈동자〉의 주인공 하림의 마지막 대사

아직도 살아 있는 전쟁

우리나라는 아직도 전시(戰時) 상태에 있다. 1950년 6월 25일 새벽 4시에 시작된 전쟁은 아직 끝나지 않았다. 1953년의 '휴전 협정'은 말 그대로 '휴전'일 뿐 '종전'을 의미하지 않는다. 이는 단순한 표현상의 문제가 아니다. 전쟁은 우리 생활 깊숙이 영향을 미치고 있다. 엄청난 국방비는 고스란히 국민의 세금 부담으로 돌아오고 있으며, 적국(敵國)의 하늘과 땅을 가로지를 수 없어 먼 길을 돌아가야 하는 경제적 손실 또한 무시할 수 없다.

보다 직접적으로 전쟁은 이 땅의 젊은이 하나하나의 삶에까지 영향을 미치고 있다. 분단 상황 때문에 이 땅의 청년들은 꽃 같은 20대의 일부분을 군대에서 보내야 하기 때문이다. 이렇듯 6·25는 70년 가까운 생활 동안 우리 생활을 짓누르는 '살아 있는 전쟁'으로 계속되고 있다.

사상이 전쟁을 부르다

세계 전사(戰史)로 볼 때 6·25는 꽤나 희한한 전쟁에 속한다. 경제적인 이해관계나 종교 문화적 갈등 때문에 빚어진 전쟁은 아주 흔하다. 그러나 6·25는 특이하게도 사상 때문에 벌어진 전쟁이었다.

마르크스의 말처럼 20세기 초엽에는 '공산주의라는 유령'이 세상을 떠돌고 있었다. 공산주의자들은 가진 자(부르주아)들이 못 가진 자(프롤레타리아)들을 억압하고 착취하는 데서 사회의 모든 문제가 비롯된다고 주장한다. 나아가 산업이 발전할수록 빈부 격차는 점점 심해지며 부(富)는 더욱더 소수의 사람들에게 쏠리게 마련이다. 가진 자와 못 가진 자 사이의 갈등은 심해질 터이며, 마침내는 '폭력 혁명'에 의해 절대다수인 프롤레타리아들이 부르주아들을 몰아내고 권력을 장악하게 될 것이다. 따라서 공산주의자들은 하루빨리 일하는 자들의 세상이 올 수 있도록 노동자·농민들이 단결 투쟁해야 한다고 외친다.

공산주의는 경제공황과 빈부격차 등 자본주의의 문제가 절정에 달했던 20세기 초에 매우 호소력 있는 이론이었다. 공산주의는 기득권층에게는 '공공의 적'이다시피 했다. 안정을 원하는 중산층들에게도 공산주의는 커다란 위협으로 다가왔다. 공산주의식의 과격한 사회변혁에는 엄청난 폭력과 혼란이 따르기 때문이다.

파시즘, 나치즘 같은 독재 이론이 득세한 데도 공산주의에 대한 두려움이 크게 작용했다. 20세기 초반, 무솔리니(Benito A. A. Mussolini, 1883~1945)나 히틀

> **파시즘과 나치즘** 파시즘은 이탈리아의 무솔리니가 주축이 된 사상으로, 지도자를 중심으로 전체 국민을 하나로 단결시키는 강력한 독재 권력을 뜻한다. 나치즘은 독일의 히틀러가 중심이 된 사상으로 게르만 인의 우월성을 내세우며 강력한 중앙집권국가를 지향한다.

게르만 우월주의와 반유대주의 성향으로 유대인 수백만 명을 학살한 아돌프 히틀러. 사진은 1933년 포츠담에서 힌덴부르크(Paul von Hindenburg, 1847~1934) 대통령과 악수하는 모습.

러, 그리고 일본 제국주의자들은 하나같이 자신들이 '공산주의의 위협을 막는 최후의 보루'임을 강조하곤 했다. 독재자들은 혁명에 대한 불안감에 기대어 자신의 권력을 강화시켰던 것이다.

하지만 파시스트들의 공산주의 탄압은 묘하게도 원수지간인 자본주의 국가와 공산주의자들이 손을 잡게 만드는 결과를 가져왔다. 미국과 영국 같은 자본주의 국가에게도 당시 파시스트 국가였던 독일과 일본은 적이었기 때문이다. 물론 절대 친구가 될 수 없는 공산주의와 자본주의는 공동의 적인 독일과 일본이 무너지자 이내 갈라서기 시작했다. 유럽에서는 세계 최초의 공산주의 국가인 소련이 동유럽 나라들을 자신의 영향력 안으로 끌어들이며 '세계 공산화의 꿈'을 노골적으로 드러냈다. 이에 질세라 미국 또한 서유럽 국가들에 대해 엄청난 경제 원조를 퍼부으며 자신들의 영향력을 굳혀 갔다.

동쪽에서는 한반도가 두 이념 세력의 접점이 되었다. 1945년 일본이 무너질 당시에 미국과 소련은 모두 한반도가 상대편 손아귀에 온전히 들어가기를 원하지 않았다. 따라서 이들은 '일본군의 무장을 해제한다.'는 명목으로, 북위 38도 선을 기준으로 북쪽은 소련군이 남쪽은 미군이 점령하는 데 합의한다.

이렇게 만들어진 '삼팔선'은 단순히 군사 작전상의 구분에 그치지 않았다. 이는 동아시아에 있어서 공산주의와 자본주의의 세력권을 가르는 선이기도 했다. 그러한 세력 구분 가운데 우리 민족의 의도와는 전혀 상관없이 둘로 나뉘어 버렸다. 세계적 이념 대결 때문에 5000년을 이어온 단일민족이 한순간에 갈라져 버린 것이다.

본전도 못 건진 전쟁

공산주의자들은 자본가들과의 전쟁은 피할 수 없다고 믿는다. 자본가들은 프롤레타리아가 주인 되는 세상을 이루기 위해 폭력혁명으로 제거해야 할 적에 지나지 않기 때문이다. 이렇게 볼 때 1948년, 소련의 지원 아래 정부를 수립한 북측의 공산 정권이 자본주의가 지배하는 남측에 대한 무력 공격을 꿈꿨던 것은 너무도 당연하다. 그네들이 내세웠던 '**국토완정론**' 속에는 무력에 의한 통일을 당연시하는 분위기가 녹아 있다.

국토완정론과 북진통일론 김일성은 북한 정권 수립 후 "한 나라의 영토를 단일한 주권 밑에 완전히 통일하는", 즉 한반도를 북한 체제로 통일하는 국토완정론을 주장했고, 이승만은 북한과의 경쟁에서 우위를 점하기 위해 무력을 동원해서라도 통일을 이룬다는 북진통일론을 주장했다.

19 이념이 세상을 둘로 가르다

6 · 25 전쟁은 민족의 분열을 세계의 분열로 확산시킨 비극이었다. 사진은 6 · 25 전쟁 때 피난민들의 모습.

1948년 8월 15일, 미국의 후원을 업고 먼저 단독정부를 수립한 이승만 정권도 전쟁 의욕만큼은 결코 북쪽에 뒤지지 않았다. 이승만은 공공연한 '북진통일론자'였다. 그는 공산주의라는 '전염병'하고는 어떤 협상도 불가능하다고 천명하곤 했다. 더구나 공산주의는 당시 미국에게도 심각한 위협이었다. 미국에서도 공산주의 사상이 퍼지면서 1945년에 350만 명, 1946년에는 460만 명에 달하는 노동자들이 파업을 벌였다. 나라 밖 상황도 심각하긴 마찬가지였다. 소련은 급속하게 세력권을 넓혀 갔을뿐더러 중국 대륙에서도 장제스(蔣介石, 1887~1975)의 국민당은 공산당에게 패배를 거듭하고 있었다. 이런 상황에서 '반공(反共)'은 이승만 정권에게 미국의 지원을 끌어낼 수 있는 가장 강력한 이념이었던 것이다.

1950년 6월 25일, 북측은 마침내 무력 침공을 감행한다. 김일성 (1912~1994)과 박헌영(1900~1955) 등 당시 북측 지배 세력은 승리를 확신했다. 1949년 중국의 공산화가 완료되자 이를 지원하던 5만여 명의 우리 동포들이 인민군에 합세했을뿐더러, 소련 또한 북측에 최신식 무기를 제공한 상태였기 때문이다. 남쪽에서 계속되던 정치적 혼란 또한 승리에 대한 맹신을 굳히는 요인이었다. 당시 북측 지도부는 일단 인민군이 내려가면 남쪽의 수많은 저항세력들이 동시에 들고일어나 남측 정권을 붕괴시키리라 굳게 믿었다.

하지만 전쟁은 그네들 뜻대로 되지 않았다. 인민군은 파죽지세로 남측 군대를 밀어붙였지만 '무장봉기'가 일어나기는커녕 신속하게 참전한 미군은 불과 몇 달 만에 국군과 손잡고 그들을 압록강까지 쫓아내 버렸다. 다급한 북측은 '공산주의 혈맹'인 중국에 손을 내밀었고 이들은 다시 전선을 한강 근처까지 끌어내렸다. 이후 1953년 휴전에 이르기까지 양측은 원래의 대립선이었던 삼팔선 부근에서 지루한 공방전을 이어 갔다.

결과만을 놓고 보았을 때 6·25 전쟁은 양측 모두에게 '본전도 못 찾은 전쟁'이었다. 북측은 조국해방이라는 원래의 목표를 이루지 못했으며, 미국 또한 제2차 세계대전 때보다도 많은 폭탄을 쏟아 붓고서도 승리를 거두지 못하는 '국제적 망신'을 당했다.

6·25 전쟁은 민족의 분열을 세계의 분열로 확산시켰을 뿐이다. 전쟁 이후 세계정세는 UN 참전국을 중심으로 한 '서방세계'와 소련과 중국을 주축으로 북측을 지원한 '공산진영'으로 갈라졌다. 그 후로 이 둘은

40여 년간 서로를 무너뜨리기 위한 치열한 '체재 경쟁'에 돌입하게 된다. 다행히도 핵무기의 등장은 두 진영의 갈등이 세계대전으로 발전하는 것을 막아 주었다. 핵무기의 사용은 적뿐 아니라 자신조차도 파괴할 수 있기 때문이었다. 실제로는 사용할 수 없는 엄청난 무기들로 군비(軍備)경쟁을 벌이며 서로를 압박하고 위협하는 상태, '냉전(Cold War)'은 이렇듯 6·25 전쟁을 통해 그 형태가 갖추어졌다.

반공에 살고, 반공에 죽고

실패한 전쟁에는 책임이 따르는 법이다. 그러나 묘하게도 남측과 북측의 국가 체제는 전쟁 이후에 오히려 더 안정되었다. 먼저 김일성 정권은 전쟁의 성격을 색다르게 규정함으로써 자신들에게 쏟아질 책임을 비켜갔다.

북측은 6·25 전쟁을 '내전(內戰, civil war)'으로 정의한다. 민족의 통일을 이루기 위해 신라가 백제를 공격했다고 해서 신라를 침략자로 비판할 수는 없는 일이다. 북측은 자신들의 전쟁이 통일을 이루기 위한 '조국 통일 전쟁'이었을 뿐이므로 남쪽에 대한 공격은 비난받을 일이 아니라고 주장한다. 또한, 그들 논리대로라면 남측은 일제치하와 별로 다를 게 없다. 친일 앞잡이들이었던 자본가들이 '미(美) 제국주의'를 등에 업고 여전히 노동자 농민들을 착취하고 있는 형국이다. 따라서 6·25 전쟁은 "조국의 통일과 독립과 자유와 민주를 위한 정의로운 전쟁"이었다. 하지만 미국이라는 '외세(外勢)'의 등장으로 전쟁을 통해 민족 내부의 통일을 이루려는 노력은 좌절되고 말았다. 그렇지만 김일성의 '탁월한 령도' 덕택에 공산주의자들은 '미 제국주의'를 북쪽에서 몰아낼 수 있었다. 그렇다면 이 전쟁은 승리한 전쟁이다.

이러한 교묘한 논리를 통해 김일성 정권은 패배를 승리로 탈바꿈시켜 버렸다. 이 전쟁은 결코 진 전쟁이 아니다. 김일성은 이제 "진보와 정의를 사랑하는 모든 인류가 우러러보는 반제반미투쟁의 위대한 지도자로 정의와 평화의 수호자'로서 찬양받기에 이른다.

동시에 김일성 정권은 전투의 책임을 물어 반대파들을 권좌에서 차례로 몰아내는 데 성공했다. 평양 방어의 책임을 물어 **연안파**의 대표격인 무정(1905~1952) 장군을 내쳤고, 전쟁이 일어났을 때 남쪽에서 봉기를 이끌어내지 못했다는 이유로 남로당의 총수 박헌영을 축출해 버렸다. 이로써 김일성에게 도전할 세력은 모두 사라져 버렸다. 북측은 1950년대에 이미 '위대한 수령' 한 사람이 절대 권력을 행사하는 정치 구도를 확립했다. 이후로도 끊임없이 계속된 남북간의 긴장이 미 제국주의 침략에 맞서는 위대한 수령의 가치를 더욱더 돋보이게 했음은 물론이다.

> 연안파 중국 옌안(延安) 지역에서 항일투쟁활동을 벌이다 해방 후 입북한 집단이다. 김두봉, 최창익, 무정 등 조선의용군 출신으로 이루어져 있으며, 김일성에 비판적인 입장을 취하다 숙청되었다.

한편, 전쟁은 남측에도 '반공주의'라는 강력한 국가 지배 이데올로기를 선물해 주었다. '정권에 도전하는 자는 곧 공산주의자'라는 등식이 자연스럽게 성립되었고, '빨갱이'라는 한마디는 그 어떤 비판도 잠재울 수 있는 강력한 사회적 터부(taboo)로 작용했다. 이승만에 뒤이어 5·16 쿠데타를 일으켜 권력을 잡은 박정희(1917~1979) 군사정권에서도 반공은 절체절명의 국가 이념이었다. 그네들이 내세운 '혁명공약'의

©Kok Leng Yeo

북한은 6 · 25 전쟁에서 패하고도 교묘한 논리로 패배를 승리로 탈바꿈했다. 그림은 〈평양 조국 해방 전쟁 승리 기념화〉.

첫 번째는 "반공을 국시(國是)의 제일로 삼고 지금까지 형식적이고 구호에만 그친 반공체제를 재정비 · 강화한다."는 것이었다. 나아가 당시 국내 최고의 학자들이 머리를 맞대고 만든 '국민교육헌장'에조차 "반공 민주 정신에 투철한 애국 애족이 우리의 삶의 길"이라는 표현이 들어가 있을 정도다.

반공은 독재를 정당화하는 사상적 도구이기도 했지만, 동시에 국가 경제를 이끄는 밑그림처럼 쓰이기도 했다. '북한 괴뢰'를 이기기 위해서는 경제 발전에 힘을 쏟아야 한다는 논리는 '근대화 이데올로기'와 매끄럽게 어울렸을뿐더러, 급격한 경제 발전 과정에서 나타날 수 있는 갈등도 '북괴가 오판할 수 있다.'는 미명 앞에서는 꼬리를 내릴 수밖에 없었다. 이 때문인지 6·25 전쟁 이후 50여 년 동안 남측의 정권은 끊임없이 흔들렸지만 국가 자체는 위태로웠던 적이 없다. 강력한 공산주의의 침략 위협과 이에 맞서는 반공 사상은 역설적이게도 사회 갈등이 국가 붕괴로까지 이어지지 않는 안전판의 역할을 해 주었던 것이다.

이밥과 고깃국의 꿈을 넘어서

조국을 둘로 나뉘게 했던 세계적인 자본주의와 공산주의의 체제 대결은 이미 막을 내렸다. 1990년, 분단국가였던 독일은 통일을 이루었고 1991년에는 공산주의 종주국이었던 소련마저도 붕괴되었다. 북한의 이념적 동반자였던 중국 또한 이제는 '명목상의' 공산주의 국가로 남아 있을 뿐이다.

이에 따라 남북한 간의 이데올로기 대립 또한 막판을 향해 가고 있는 느낌이다. 남측에서 '반공'은 이미 수명을 다했다. 그간 군사 쿠데타로 정권을 잡은 정권들은 미약한 자신들의 정통성을 보완하기 위해 '반공'과 함께 경제 개발에 비중을 두었다. 이는 의도하지 않은 가운데, 사회의 체질을 이념보다는 경제적 여유와 삶의 질에 비중을 두는 쪽으로 바꾸어 놓았다. 이제 우리 사회에서 이념은 경제를 이길 수 없다. 게다가 우리 사회는 이미 공산주의라는 외부의 위협을 강조하지 않아도 내부의 갈등을 조정, 통합할 수 있을 만큼 민주주의가 성숙한 단계에 이르렀다.

반면, 이념의 순수함을 지향했던 북한은 미국과 맞먹을 만큼의 자존

©Russavia

북한은 그 옛날 로동당의 이상과는 반대로 세계에서 가장 가난한 나라로 전락했다.

심을 키웠지만 동시에 세계에서 가장 가난한 나라로 몰락하고 말았다. "모든 근로인민이 기와집에서 쌀밥과 고깃국을 먹고 좋은 옷을 입으며 부유한 삶을 산다."는 1960년대 조선 로동당의 이상은 아직도 그네들에게는 이루기 힘든 꿈이다. 적어도 실생활의 측면에서만 볼 때 남북의 체제 대결은 이미 결론이 난 상태. 경제적으로 파멸에 이른 북측 정권은 자신들이 추구하는 이념 외에는 자신들의 통치 정당성을 해명할 길이 없는 난관에 부딪혀 있다.

그럼에도 6·25 전쟁까지 이르게 했던 이념 대립은 아직도 유령처럼 한반도를 떠돌고 있다. '친북'과 '용공'이란 수식어는 여전히 우리 사회의 누구라도 정치적 파멸에 이르게 할 수 있는 무서운 마법의 용어다. 전쟁의 공포는 합리적인 판단을 어렵게 한다. 6·25 전쟁은 60여 년이 지난 지금까지도 생활 곳곳에 두려움을 심어 놓을 만큼 잔인한 전쟁이었다. 그러나 이제는 바뀐 세계를 제대로 보고 냉전의 논리에서 벗어날 수 있는 새로운 '통일의 이념'을 찾아야 할 때다. 굶주리는 북측 동포에게는 이밥과 고깃국을, 경제 규모에 걸맞지 않게 아직도 국가 정체성 논란에 시달리고 있는 남측에는 민족적 자부심을 줄 수 있는 새로운 이념의 탄생을 기대해 본다.

 더 읽어 봅시다!

- 브라이언 마이어스의 《왜 북한은 극우의 나라인가》
- 김성보 등의 《사진과 그림으로 보는 북한 현대사》

브라이언 마이어스의 《왜 북한은 극우의 나라인가》

일본은 조선과 일본이 '세상에서 가장 순수한 민족'이라고 외쳐댔다. 일본 측 주장에 따르면, 조선과 일본의 조상은 하나다. 조선은 일본 대제국의 일부가 되었다는 점을 감사해야 한다. 조선은 오랫동안 중국의 지배 아래 비실대지 않았던가. 일본은 조선을 중국으로부터 해방시켰다. 게다가 일본과 하나가 되어 새로운 세계를 열어가는 영광을 누리게 하였다. 이른바 '내선일체(內鮮一體) 이데올로기'다.

물론, 우리 지식인들은 일본 측 억지에 맞섰다. 하지만 이들이 내세운 주장은 묘하게 일본과 닮은꼴이었다. 예를 들어보자. 백두산은 언제부터 '민족의 영산(靈山)'이었을까? 백두산은 그냥 한반도에서 가장 높은 산일뿐이었다. 일본은 후지 산을 자신들의 상징으로 여겼다. 이에 맞서, 육당 최남선은 백두산을 내세웠다.

단군은 또 어떤가? 단군은 우리 역사에서도 무게 있게 다루어지지 않았나 보다. 그러다가 일제시대를 거치며, 단군은 '민족의 조상'으로 우러름 받는다. 이는 일본이 국조(國祖)인 신무(神武)천황에 맞서기 위해서였단다. 이상은 북한 전문가인 B. R. 마이어스의 설명이다. 그에 따르면, 북한은 일본이 만든 '친일 민족주의(?)'를 아직도 따르고 있다. 앞서의 설명에서 '일본'만 모두 빼보자. 그러면 북한 측 주장이 고스란히 드러날 테다.

어떻게 해야 우리 민족이 고통에서 벗어날까? 우리에게는 강력한 '지도자'가 필요하다. 이 지도자는 단군의 후예다. 단군처럼 백두산에서 태어나고 자라난 분이다. (사실, 단군이 백두산에서 태어났다는 기록은 어디에도 없다.) 우리의 사명은 민족의 자존심과 순수함을 지키는 것이다. 이를 위해서 조선 민족은 위대한 지도자를 중심으로 똘똘 뭉쳐야 한다!

마이어스는 지금의 북한에서 옛 일본제국의 모습을 고스란히 찾아낸다. 제2차 세계대전 당시, 히로히토 천황은 자애롭고 따뜻한 어머니처럼 그려졌다. 김일성도 다르지 않다. 김일성은 '아바이(아버지) 수령'이 아니라 '어버이 수령'이다.

김일성을 다룬 그림이나 사진을 주의 깊게 살펴보라. 수령은 대개 따뜻하게 웃고 있다. 자기주장을 힘차게 내세우기보다, 병사나 주민들을 감싸고 보듬고 있는 모양새가 많다. 김정일의 이미지도 다르지 않다. 히틀러나 무솔리니는 지도자의 강철 같은 의지를 앞세웠다. 반면, 김일성과 김정일은 자애롭고 따뜻한 어머니의 느낌을 더 강조한다. 마이어스는 그 까닭을 '유아증(infantilism)'에서 찾는다. 세상 살기가 신산스러울 때, 인간은 푸근하게 자신을 감싸주는 어머니 같은 존재를 찾기 마련이다.

북한은 자신들을 '아이 같이 순수하고 깨끗한 민족'으로 내세운다. 이 민족을 지켜줄 사람은 누구인가? 북한의 논리는 '대일본제국'의 주장과 똑같다. 보호자가 일본제국에서 '위대한 지도자 동지'로 바뀌었을 뿐이다. '국방위원장'이라는 김정일의 호칭은 그래서 의미심장하다.

2009년 4월, 북한은 헌법도 바꾸었다. 북한의 헌법에는 더 이상 공산주의라는 낱말이 나오지 않는다. '선군(先軍) 사회주의'를 앞세울 뿐이다. 군대를 그 무엇보다 앞세운다는 의미다. 김일성-김정일-김정은으로 이어지는 '세습왕조'가 필요한 이유는 이로써 분명해졌다. 북측 논리대로라면, '경제 살리기'는 큰 문제가 아니다. 정말 중요한 문제는 승냥이 같은 외세(外勢)에 맞서 민족을 지켜내는 일이다.

때문에 북한으로서는 미국과 남한은 더 없이 소중한 존재다. 그들은 끊임없이 미국과 남측을 침략자로 몰아세운다. 미국과 남측이 진심으로 화해와 평화를 바라면 어떨까? 이는 북한 권력자들에게 가장 두려운 일이다. '김 씨 왕조'는 무엇 때문에 있어야 하는가? 남측의 지도자들은 '경제 살리기'에 목을 맨다. 반면, 그들의 지도자들은 '민족을 수호할 수 있어야' 체면이 산다. 만약 북측을 위협하는 적이 없다면 어떨까? 그런데도 '백두산 혈통'을 이어받은 김 씨 왕조가 자리를 지키고 있어야 할 까닭이 있을까?

철학을 이해하기 위해서는

그 시대의 역사를 알아야 하며,

역사가 없는 철학은

공허한 울림에 지나지 않는다.

철학, 역사를 만나다(개정증보판)

초판　　　 1쇄 발행 2005년 12월 15일 (웅진지식하우스)
개정증보판 1쇄 발행 2017년　2월 10일
개정증보판 7쇄 발행 2023년　9월　4일

지은이 | 안광복
발행인 | 김형보
편집 | 최윤경, 강태영, 임재희, 홍민기, 박찬재
마케팅 | 이연실, 이다영, 송신아
디자인 | 송은비
경영지원 | 최윤영

발행처 | 어크로스출판그룹(주)
출판신고 | 2018년 12월 20일 제 2018-000339호
주소 | 서울시 마포구 양화로10길 50 마이빌딩 3층
전화 | 070-5080-4038(편집) 070-8724-5877(영업) 팩스 | 02-6085-7676
e-mail | across@acrossbook.com

ⓒ 안광복 2017

ISBN 979-11-6056-010-7 03100

이 책은 저작권법에 따라 보호를 받는 저작물이므로 무단 전재와 무단 복제를 금지하며,
이책의 전부 또는 일부를 이용하려면 반드시 저작권자와 어크로스출판그룹(주)의
서면 동의를 받아야 합니다.

만든 사람들
편집 | 김수경
교정교열 | 최윤경
표지디자인 | 오필민
본문디자인 | 성인기획